家国情怀 1

JIAGUO QINGHUAI

主编 任建欣

编委会

亲爱的同学，当你打开这本书时，你就开启了一段惬意的旅程。从相遇、相知，到相伴前行，淡淡的书香将一直萦绕在你身边。

初中阶段，你已经读过许多名篇佳作，在充满智慧和温情的文字浸润中，语文素养自然会得到提升。但面对神秘奇幻的自然、日新月异的社会、渐趋丰盈的人生，仅仅是课堂上阅读的文章，恐怕很难再满足你的需求，你的阅读理应更广泛、更专业。如何让课内外读物有机融合成滋养你成长的沃土？如何让点滴的阅读收获汇聚成助推你遨游书海的动力？为此，我们邀请了全国各地的名师，精选文章，为你搭建大量阅读、高效阅读的平台。

于是，便有了摆在你面前的这本书。

这本书分为经典诵读、主题阅读、整本书阅读三个板块。

第一个板块是“经典诵读”，所选古诗词都具有经典阅读价值。针对诗词中可能会给你造成阅读障碍的生字难词，我们增加了读音和注释，且辅以专业诵读音频和鉴赏资料供你随时赏听或查阅。你可以利用每天的晨读或其他课余时间反复诵读，只要持之以恒地阅读，假以时日，定能厚积薄发。

第二个板块是“主题阅读”，我们精心挑选了几组文章，聚焦主题，帮助你进行专题探究。其中，“范文阅读”有批注和学习提示，方便你边阅读边思考，掌握这一类文章的阅读方法，并能进行拓展运用。“组文阅读”有单元学习任务，帮助你对一组文章进行整合阅读、比较鉴赏，从碎片化到结构化，在阅读中积累语言、拓展思维，提升核心素养。带有“自由阅读”标签的文章，你可以根据自己的需要、兴趣自主选择阅读，多读、少读，深读、浅读皆可，如能养成边读边做批注的习惯，你会收获更多。带有“类文阅读”标签的是一组与写作要求相匹配的文章，旨在提供写作思路，激发你的创作灵感。这组文章的首篇附有旁批，为你的写作实践提供技巧点拨。

“整本书阅读”设计了“阅读导航”“精彩选篇”“阅读规划”“交流平台”等助读工具，旨在激发你的阅读兴趣，帮助你掌握科学的阅读方法，从而有计划地开展整本书阅读。

愿这本书伴随你度过阅读的美好时光，与经典交流，与大师对话，帮助你积累知识，开阔视野，提升素养，成为睿智优雅、阳光自信的中国好少年！

顾之川

经典诵读

第一单元　高山仰止

范文阅读

组文阅读

第二单元　栋梁之材

范文阅读

组文阅读

第三单元　魅力师友

自由阅读

第四单元　为学有道

范文阅读

组文阅读

第五单元 写出人物的精神

类文阅读

整本书阅读

踏一条平平仄仄的幽径，咏一阕抑扬顿挫的辞章，让心灵开始一次雅韵悠长的旅程。从《诗经》到宋词，从田园到边塞，从婉约到豪放，从现实主义到浪漫主义……那些或率真质朴、或清幽缠绵、或慷慨刚健、或隽永蕴藉的诗句，寄托了中华儿女的家国情怀，传承着博大精深的中华文明。

有了诗词的濡染，我们的语文学习自当渐入佳境；有了经典的浸润，我们的语文生活定会异彩纷呈。

扫码收听朗诵音频

1. 送灵澈上人①

⊙〔唐〕刘长卿

苍苍② 竹林寺，杳杳③ 钟声晚。
荷笠④ 带斜阳，青山独归远。

赏析

这首小诗，是写诗人送著名诗僧灵澈返回竹林寺的情景。诗的意境清新，画面秀美。诗人即景生情，构思精湛。先写寺院传来暮钟声声，勾起人的思绪，再写灵澈归去，诗人目送，表达了诗人对灵澈的真挚情谊。

此诗作为唐代山水诗的佳作，历来以短小精悍为人称道。诗人送别灵澈上人，看似闲适，实则透露出一丝淡淡的忧伤。在清远幽寂气氛的烘托下，诗人怀才不遇的悲痛之感也显得不那么强烈，从中我们可以看出诗人的淡泊襟怀，这是一种较高的人生境界。

---

① 灵澈上人：唐代著名僧人，本姓汤，会稽（今浙江绍兴）人，后为云门寺僧。上人，对僧人的敬称。

② 苍苍：深青色。

③ 杳（yǎo）杳：深远的样子。

④ 荷（hè）笠：背着斗笠。荷，背着。

扫码收听朗诵音频

2. 问刘十九[①]

⊙〔唐〕白居易

绿蚁[②]新醅[③]酒，红泥小火炉。
晚来天欲[④]雪，能饮一杯无[⑤]？

这首诗本来是写邀友共饮，可是写的却是等饮，这就显出另一番意味了。尤其诗最后一句“能饮一杯无”更是独有韵味。窗外天色已黑，寒云密布，冷风阵阵吹来，眼看着就要下雪了。就在这时，屋内酒菜都准备好了，独饮又没味，约好同饮的刘十九又没来。这一句问话问得太好了，而且用个“无”字，更见功力。这句问话之后，没有答案，然而语已尽，意却无穷，诗人有意留给读者去想象，更是别有意趣。

---

① 刘十九：名字不详，是诗人在江州相识的朋友，十九是指排行。

② 绿蚁：酒未滤清时，酒面浮糟细如蚁，色微绿，故称“绿蚁”。

③ 醅（pēi）：没过滤的酒。

④ 欲：将要。

⑤ 无：疑问语气词，相当于现在的“否”“吗”。

扫码收听朗诵音频

3. 花非花

⊙〔唐〕白居易

花非[①]花，雾非雾，夜半来，天明去。
来如春梦几多时[②]？去似朝云[③]无觅处[④]。

这首诗有些朦胧化。开始读来可能会不知所云，给人一种捉摸不定的感觉。第二句说“夜半来，天明去”，谁来谁去？还是未点出。最后两句还是未显出作者的本意。诗歌空灵、淡雅、含蓄、婉约，给人一种朦胧的美，并且字里行间还充溢着一种淡淡的哀愁。全诗表现出一种对于生活中存在过，而又消逝了的美好的人与物的追念、惋惜之情。后人用“花非花”为词调名，全诗被谱成曲子，广为传唱。

① 非：不是。

② 几多时：时间短暂。

③ 朝云：此借用楚襄王梦巫山神女之典故。

④ 无觅处：因朝云飘浮不定，所以无处寻找。

扫码收听朗诵音频

4. 剑 客[①]

⊙〔唐〕贾岛

十年磨一剑，霜刃[②]未曾试。

今日把[③]示[④]君，谁有不平事[⑤]？

唐朝时人们崇尚武学，游侠、剑客较多，甚至一些文人也以佩剑、舞剑为乐。这首诗就为我们描绘了一个侠肝义胆的剑客形象。但我们认为作者的写作目的绝不限于此，而是托物言志，抒写自己的政治抱负。

首句以“十”和“一”两个字鲜明地道出此剑非同寻常，倾入剑客十年心血，非一般剑可比。接着用“霜刃”一词展示宝剑寒光逼人、刃如白霜的形象，让人似乎看到剑客威风凛凛的英武之气，这也许就是集才华与政治抱负于一身的作者的形象吧。而“未曾试”道出诗人心曲：急想得遇贤君，一展自己才华。这剑客不是随意拔剑的鲁莽剑客，唯遇不平事，才显真本事。此文人也不是普通文人，得遇贤明君主，就会大展宏图。作者写法高妙就在于无半点谈志向，却字字透着理想。

---

① 剑客：精于剑术的人。诗题一作《述剑》。

② 霜刃：形容剑刃锋利，其白如霜。

③ 把：拿，后面省略了“之”。

④ 示：给……看。

⑤ 不平事：受冤枉而内心不平的事情。

5. 题都城[①]南庄

⊙〔唐〕崔护

去年今日此门中，人面桃花相映红。
人面不知何处去，桃花依旧笑春风[②]。

赏析

这是一首抒情诗，而且有生动的情节。四句诗中包含两个场面。第一个场面，“去年今日此门中，人面桃花相映红”，写的是诗人去年途中遇到美丽女子的经历，人面与桃花相映成趣，令人心驰神往，此为最动人的一幕。第二个场面，“人面不知何处去，桃花依旧笑春风”，写的是诗人今日寻人不遇，空留依然在风中含笑的桃花，令人徒增伤感、遗憾。

古代才子佳人的故事不少，但这首诗以“人面”“桃花”为线索，把巧遇美若桃花的女子、重寻不得的意态以抒情的笔触淋漓尽致地表现出来。它似乎留给我们这样一点启示：不经意的东西往往颇有价值，最纯真、最令人回味无穷的，却又是最易消逝的，而这一消逝又无可挽回，所以我们要及时地牢牢把握。

① 都城：指唐朝都城长安（今陕西西安）。

② 笑春风：形容桃花迎着春风盛开。

扫码收听朗诵音频

6. 乡　思

⊙〔宋〕李觏

人言[①] 落日是天涯，望极[②] 天涯不见家。
已恨碧山[③] 相阻隔，碧山还被暮云遮。

赏析

抒写思乡之情的诗歌，古来何止千百篇，这首诗之所以被人们长久地传诵，就在于构思的新巧。天涯是人的目力穷尽之处，但家乡还在天涯之外，望不见，正可以反衬其望乡之情切。可恨的是，望乡的视线还被青山阻挡，而青山又被暮云遮住。一重又一重的障隔，形容“望”的不易，由此传达出“思”的浓重。望乡视线的重重阻隔，也就是思乡之情的重重加深，以“望”见“思”，以遮与隔见“望”，是作者的匠心所在。

① 言：说。
② 极：尽。
③ 碧山：青山。

扫码收听朗诵音频

7. 送　春

⊙〔宋〕王令

三月残花落更开，小檐日日燕飞来。
子规[①]夜半犹啼血[②]，不信东风[③]唤不回。

赏析

古诗中惜春伤春之作很多，而王令这首《送春》因其移情于物，直至物我合一，而显出与众不同的艺术特色。

首句描写的三月落花点明已是晚春时节，一个“残”字使人倍感凋敝，欲伸手遮挽渐逝的春光。第二句翩翩飞舞的小燕子又惹起伤春之人无限思绪。本来莺歌燕舞应当给这个万紫千红的春天点缀许多生机和喜气，但花开花落的时节总让人生出好景难长的联想，于是伤春之情油然而生。本诗前两句与晏殊“无可奈何花落去，似曾相识燕归来”这两句妙词如出一辙。

后两句可以显示出诗人的激情。在他笔下，杜鹃鸟就是惜春之人的化身，一声声啼叫，也寄寓了诗人欲力挽狂澜的雄心壮志。一次次泣血的挽留，都是想让春色永驻人间，把惜春之情推向高潮。

① 子规：杜鹃鸟。

② 啼血：相传望帝杜宇死后化为杜鹃，日夜哀鸣，声音凄厉，直至口中流血。

③ 东风：春风。

扫码收听朗诵音频

8. 春　宵[1]

⊙〔宋〕苏轼

春宵一刻[2]值千金，花有[3]清香月有阴。
歌管[4]楼台声细细，秋千院落夜沉沉[5]。

赏析

开篇两句写春夜美景。春天的夜晚十分短暂，花朵盛开，月色醉人。这两句不仅写出了夜景的清幽和夜色的宜人，更是在告诉人们光阴的宝贵。后两句写的是官宦贵族阶层尽情享乐的情景。夜已经很深了，院落里一片沉寂，他们却还在楼台里尽情地享受着歌舞和管乐，对于他们来说，这样的良辰美景更显得珍贵。作者的描写不无讽刺意味。全诗明白如画，又立意深刻。

---

① 春宵：春夜。

② 一刻：形容时间很短。刻，计时名称，古代一昼夜共作百刻。

③ 有：蕴含、散发之意。

④ 歌管：歌声和管弦声。

⑤ 夜沉沉：夜很深了。

高山仰止

本单元文章记述了我国自然科学领域一些杰出的科学家的事迹。杰出的人物就像是一座座高峻的山峰，他们非凡的品质、崇高的精神境界、对理想的执着追求，都将泽被后世。当我们怀着敬仰之情去“攀登”这些山峰时，我们的精神世界也会愈加丰满。

阅读本单元文章，要掌握精读的方法，在通览全文的同时，知人论世，揣摩关键句段的妙处。还要抓住细节，把握人物特征，理解人物的思想品格、情感志趣，体会主人公深沉的爱国情怀。

1. 华罗庚：爱国赤子心

⊙李景文

华罗庚从小就有爱国心与责任感，向往民主与自由。当轰轰烈烈的“一二·九”运动爆发之时，华罗庚被广大学生的爱国热情所感动，他时刻关注并随时准备参加这一爱国运动。

首句总起。边读边思考：全文如何体现华罗庚的爱国之心？

他的好友与同乡王时风曾回忆说：“那天，黎明时分，罗庚同志也起得特别早。他夹着一本厚厚的数学书，随游行示威的队伍到校门，目送同学逆朔风、踏积雪前进。”

不仅如此，华罗庚还直接参与了学生运动。在一次激烈的示威活动中，北平学生群情激昂，高呼“打倒日本帝国主义”的口号，与日本宪兵处于对峙状态。突然，一名学生发现了走在行列前面的华罗庚，大家深受鼓舞，一些犹豫不决的学生也加入了这浩浩荡荡的悲怆而又愤怒的队伍之中。

文章主要通过他人的回忆以及人物之间的交往展示华罗庚的形象。

李寿慈在“一二·九”运动期间，与华罗庚接触甚多，对于他关心进步学生、掩护受害者的事迹颇为了解。李寿慈于1935年秋入清华工学院学习，他与华罗庚不仅是同乡，而且两家还是世交，因而关系十分密切。刚到北平的李寿慈看到日寇侵略、冀东“自治”、北平危急，心中十分彷徨苦闷。一次，他把自己的内心世界袒露给了华罗庚，他们之间有了一段不寻常的对话：

“你记得我们苏南有一位叫顾亭林的乡贤吗？”华罗庚问道。

“怎么不记得，历史课讲过，不就是《日知录》的作者昆山顾炎武吗？”李寿慈回答说。

“不错！你还记得有一句与他有关的名言吗？”

“不就是‘天下兴亡，匹夫有责’吗？”

“对了！就是这句话。今天北平十分危险，这是事实。而且我们国家整个都处在危险之中。因为日本想并吞全中国，并不满足于北平甚至华北。今天平津危急，在政府的不抵抗政策下，明天也可能南京危急。从你个人来说，读书是大事，但就全国来说，民众奋起救亡才是大事呀！今天我们大家要多多体味这句名言，首先要在救亡图存方面多做些工作，要做到读书不忘救国才好啊！”

赤子之心，振聋发聩。

华罗庚的一番肺腑之言，对李寿慈影响很大，促使他参加了爱国运动。因此，他把华罗庚称作他走上抗日救亡之路的启蒙老师。

1936年2月29日，清华园遭了劫难。二十九军的步兵、大刀队、机枪队共四五千人，冲进校园，逮捕进步学生。李寿慈在危难之时，突然想起了华罗庚的吩咐：“万一有危险时，到我宿舍避一避。”于是，他走进三院，闯入了华罗庚的宿舍。可当他推门而入的时候，三个军警却正在盘问华罗庚。“糟了！他们怎么到这里来了？”李寿慈心中一惊。这时，屋子里的气氛已十分紧张。“你是干什么的？”一个领头的军警大声问道。

“我是学生。外面闹得很，哪儿都不准走，只好到华先生这儿来休息一下，顺便问问华先生一些大考的数学问题。”

“你有证件吗？”警官追问了一句。

“有！我叫王乃梁，一年级新生。”说完，李寿慈便小心翼翼地从口袋中掏出事先伪造好的借书证。

华罗庚冷静机敏，及时保全两个人。文中还有哪些值得品味的细节描写？

几个军警正要凑一起看证件时，华罗庚开口了："密斯特王！先坐下歇歇吧。有什么难题做不出，一大清早来找我？"华罗庚的话把军警们吸引了过来。

"是啊！就要考试了，学校里还闹哄哄的，温课的时间都没有，真烦人！"

听了他们镇定自若的谈话，军警们没有找到任何破绽，便把借书证还给李寿慈，又对华罗庚说了一句"对不起"，便一起退出去了。

"好险啊！"华罗庚、李寿慈长出了一口气。

"一二·九"运动期间，学校当局曾以考试不及格为理由，勒令一些进步学生退学。当时，华罗庚担任的是大学一年级微积分课的教师。有几位积极分子因忙于救亡工作而耽误了学习，成绩达不到及格。为了保护这些热血青年，华罗庚把他们的成绩基本上都提高一级，并称这种评分标准是"一视同仁，有所不同"。

1936年夏天，华罗庚回到了故乡金坛（他的家属一直未迁到北京）。在地下党员王时风的协助下，邀请从上海、苏州、南京、武汉等地回乡的一些青年，在金坛初中创立了一所暑期补习学校，华罗庚亲自担任校长。他在家乡的土地上积极宣传北平的“一二·九”运动，传播抗日救亡的思想，在不少青年的心中点燃了为祖国献身的火花。

爱国已让人崇敬，以身传道的做法更为可贵。

1936年夏天，华罗庚得到中华文化教育基金会每年1200美元的乙种资助，以访问学者的身份去英国剑桥大学学习。临行之前，华罗庚下榻于上海福州路的江苏旅社。他的朋友虞寿勋听说华罗庚来上海的消息后，立即前往拜访。

“你今日乘长风，破万里浪，远离故土，有何感想？”虞寿勋问道。

“我没有太多的考虑，只想为祖国争光。”对华罗庚的回答，虞寿勋不禁肃然起敬。

华罗庚这次旅欧与周培源结伴。他们先从上海乘轮船到海参崴[1]，再经过西伯利亚的茫茫雪原来到柏林，最终到达伦敦。一路上两人促膝相谈，互相照顾，结下了很深的友谊。

独学而无友，则孤陋而寡闻。文中讲到了不少与华罗庚有交往的学者，这对展现人物的性格魅力有何作用？

当时，剑桥大学正处在鼎盛时期。在这座绿荫覆盖的世界著名学府里，云集着来自世界各地的科学精英，他们切磋学问，交流经验，徜徉于智慧之海。英国著名学者哈代坐在当年

① 海参崴：即今符拉迪沃斯托克。

万有引力定律的发现者牛顿坐过的高背椅子上发号施令，主宰着数学界。

华罗庚到达之时，哈代已去美国旅行。出发前，当他见到正在清华任教的数学家温纳写给他的推荐华罗庚的信及华罗庚的论文之后，曾给海尔布伦博士留下了一张条子，上面写道："请告诉华先生，凡是从东方来的学生，都问我们多少时间可以获得学位，如果他愿意的话，他可以在两年之内获得博士学位，而其他人通常至少要3年才能得到。"

当海尔布伦把哈代的意思转达给华罗庚时，华罗庚毫不犹豫的回答使对方感到诧异。

"谢谢你们的好意。我只有两年的研究时间，自然要多学点东西，多写些有意思的文章，念博士不免有些繁文缛节，太浪费时间了。我不想念博士学位，我只要求做一个访问学者。我来剑桥大学是为了求学问，不是为了学位。"

赤心报国的真学者！求学当有此为学问、为真理之心。

"东方来的人，不稀罕剑桥大学的博士学位者，你还是第一个，我们欢迎你这样的访问者。"海尔布伦很赞赏他的决定。

华罗庚当时拒绝求学位，还有一个很重要的原因，就是申请学位要缴纳不少费用，而他所能得到的资助又极为有限。在剑桥大学，华罗庚参加了一个研究小组。在这个小组里工作的有一些在英国的年轻数学家，如，达文波特、李特伍德、拉依特、海尔布伦、埃斯特曼、汉斯等。这些人后来都成为著名的数学家，对世界数学的发展做出了卓越的贡献。他们相互切磋，共同提高。大家都喜欢活泼、勤奋而又聪明的华罗庚。

华罗庚利用剑桥大学良好的学术环境，在数论与分析方面下了很大的功夫，并在研究方面取得了大的突破。例如三角和估计问题，是19世纪著名数学家高斯提出来的，一直被许多数学家视为畏途，而华罗庚仅用一年的时间就解决了这一问题。他的论文在伦敦数学刊物上发表之后，震动了数学界，连数学大师哈代也对他刮目相看。

一天，哈代问他：“华先生，你这两年还做了些什么？”

华罗庚把他在华林问题、塔内问题以及奇数的哥德巴赫问题上的研究成果告诉了哈代。

哈代听后十分高兴地说：“好极了！我与赖特正在写一本书，你的一些结果，堪称‘华氏定理’，应该写进书里去。”哈代所说的书就是他与赖特合著的闻名于世的《数论入门》，书中包括了华罗庚的研究成果。

华罗庚在剑桥的两年间，写了18篇论文，先后发表在英国、苏联、印度、法国、德国的数学刊物上，他已成为一名颇有影响的数学家了。在回忆这段生活时，他很风趣地说：“有人去英国，先补习英文，再听一门课，写一篇文章，然后得一个学位。我听了七八门课，记了一厚沓笔记，回国后又重新整理了一遍，仔细地加以消化。”

无限接近真理是科学家的必然追求，科学虽然没有国界，科学家却是有祖国的。

正当华罗庚在剑桥展示风采之时，祖国遭受侵略的消息不时传来，他的心被忧国忧民的情绪所笼罩，再也无法静心于他的研究了。他心急如焚，归心似箭，放弃了可在英国继续逗留的机会，也谢绝了苏联科学院的盛情邀请，踏上了回归祖国的征途。

学习提示

华罗庚是20世纪在国际上享有盛誉的数学大师，有“中国现代数学之父”之称。本文不仅关注他的学术成就，更着眼于展现其内在的品格。赤心报国是深深刻在华罗庚生命深处的印记。

本文将人物形象的塑造放在一定的时代背景中，通过人与人之间的交往折射出主人公的品行。阅读时应当细细揣摩人物之间的对话，从细节描写中把握人物形象特征，感受华罗庚崇高的精神世界。

2. 中国核专家林俊德

——一辈子隐姓埋名坚守罗布泊

⊙余建斌

扎根戈壁里的“马兰花”

他叫林俊德，没有多少人知道他。

言简意赅，交代主人公淡泊名利的高尚人格。

他是院士，也是将军，一辈子隐姓埋名，坚守在罗布泊。他参加过我国所有的核试验。

他个子不算高，微胖，笑的时候嘴唇略显厚，脸更是会圆起来。

这是他平常时候的模样。四个月前，他因为癌症晚期病情严重住进了医院，瘦得厉害，脸颊凹陷，额头显得特别突，几乎让人认不出来。他戴着氧气面罩，身上插着输液管、导流管、减压管，有时还有从鼻腔直通到胃里的三米长导管……最多的时候，他身上插着十多根管子。这个样子，他仍坐在临时搬进病房的办公桌前，对着笔记本电脑，一下一下挪动着鼠标，每挪一下，都能让旁边的人心颤一下。

电脑里有关系国家核心利益的技术文件，藏在几万个文件中，只有他自己才能整理，还有自己的科研思考，学生的培养方案，他都要系统整理，怕耽误学生的论文答辩和毕业。他知道自己的病情，时间太有限，要尽快。

他一开始就问医生，做手术和化疗以后能不能工作，医生回答不能，于是他放弃了治疗。住重症监护室不能工作，他难得用将军的威严下命令，一定要搬去普通病房。在病房工作间歇，他休息也要坐着，怕躺下就起不来了。

面对生死，几人能如此！时间对于你又意味着什么呢？

他希望活得有质量，说不要勉强他，现在需要的是时间而不是手术。与其治疗后卧床不起，不如最后再争取点时间。他是闽南人，现在这个劲头，就像1960年大学毕业后西出阳关一头扎进戈壁大漠几十年一样倔强。

同事、学生、朋友、亲人赶到医院看望他，他说：“我没有时间了，看望我一分钟就够了，其他事问我老伴吧。”他让老伴在医院附近找了一间房子，专门用于接待，即使对于从闽南山区远道而来的亲人也是如此，没有商量余地。他继续吸着氧气，按着鼠标。插着管子工作没有效率，他两次让医生拔掉引流管和胃管。

他是癌症晚期，肚子里都是胀气和腹水，身上抽出过2800多毫升积水，心率、呼吸快得接近正常人的两倍，严重缺氧，平常的喘气比刚跑完百米赛跑还剧烈。他从没因疼痛在人前发出一声呻吟，只有当医生凑近问怎么样时，他才说有点儿不舒服。

那一天早上，他的病情急剧恶化。上午，他要求、请求甚至哀求，想尽各种办法下床工作，两个小时里，他求了九次。不忍心他最后一个愿望都不被满足，他终于被放下地。半小时过去了，他的手颤得握不住鼠标，也渐渐看不清，几次问女儿眼镜在哪儿，女儿说，眼镜戴着呢。这时候，很多人已经忍不住跑出去痛哭起来，怕他听到，还要使劲捂着嘴巴呜呜地哭。

他又接着工作了一个小时。最后的五个小时里，他陷入了昏迷，但不时又能听到他在嘴里念“ABCD”“1234”，这些都是他在电脑里给文件夹排的次序。

老伴紧紧攥着他的手，贴着他的耳边，翻来覆去地说：“老林啊老林，这是我第一次把你的手握这么长时间。40多年了，你现在终于属于我了……”

5月31日20时15分，他的心脏跳动不起来了，也不会再哀求着起床。他没做完他的工作，这几天他在电脑上列了个提纲敲敲打打，五条提纲的内容没有完全填满，家人留言这一条完全是空白。

医院科室主任张利华，54岁，扑通跪了下来，对着床头说：“林院士，您安心地走，剩下的工作我们后人会接着完成。”张利华看了30多年的病人，像这样面对自己生死的，是第一次见到。

得知他的离去，“两弹一星”功勋科学家、中科院院士、94岁的程开甲写来一句话：“一片赤诚忠心，核试贡献卓越。”

他早早跟老伴安排了三个遗愿：一切从简，不收礼金；不向组织提任何要求；把他埋在马兰。最后一个遗愿，他也在病床上哑着声音和基地的司令员说过，算是他的一个要求。司令员听完转身，泪打湿了满脸。

罗布泊边缘的马兰，是他最惦念的地方，在那里，他和所有人一样，干着惊天动地的事，也做着隐姓埋名的人。人人都是戈壁里的一朵马兰花。

以马兰花喻其品德，像林俊德一样为祖国奉献的人何其多！

这个季节，马兰小院里的草长高了，杏也熟了，正等着他回去。他说过，院子里的草不要拔，让它们自由生长，戈壁滩长草不容易。

他一丝不苟的程度达到极致

他是搞核试验的，说自己一不怕苦，二不怕死。现在，这两个都成了不折不扣的事实。

他研究爆炸力学，一辈子都和炸药打交道。为了拿到第一手资料，每次总是尽可能地离炸药近一点。

一次在野外，等了好久炸药都没响，他用对讲机冲其他人大声喊："你们都不要动，我来弄。"说着就走上前，快到炸药放置点时，他再次回头对跟在后面的人说："趴下，不要抬头。"自己却上去排除了险情。

他经常要在核爆后第一时间去抢收数据。有一次，车坏在路上，他看到司机带着防护罩修车进度很慢，就先把自己的防护罩摘下来，证明没有危险才让司机也取下，提高修车效率。

他的学生说，为了拿到第一手资料，老师常年奔波在实验第一线。凡是重要实验，他都亲临现场，拍摄实验现象，记录实验数据。这是他的专业需要，也是习惯。

2011年，73岁的他由于拍摄实验现场太专注，被绊倒在地，膝盖和脸部都被蹭伤，让他包扎一下，他笑着说没事没事，拍了拍灰尘继续工作。

每做一次实验，他都建一个档案，就像病人的病历一样，几十年从没间断。谁需要资料、数据，都能在他那儿很方便地找到。

简便实用、讲求实效，也是他一贯倡导的。他常对学生说，科学就是用简单的办法达到理想的目的。

为解决实验用的铅皮，他发明了用钢棒手工擀制的办法，像擀饺子皮一样，把1毫米厚的铅皮擀成了0.2毫米。为了找到力学实验的理想材料，他出差途中买了一块特殊木材做成的菜板，锯开分析密度和硬度。就连戈壁上的沙子，也被他用来作为实验的一种特殊材料，解决了技术难题，也节省了大量经费。

病中留下的工作笔记上，他一笔一画绘下了保险柜开锁示意图，密码盘、固定手把、开门手把，以及三位密码刻度的标示，清晰明了。还有详细的文字，第一步干什么，第二步干什么……

他一丝不苟的程度达到极致。

一时认真容易，一直认真不易，更何况是达到极致。第二小节中有哪些事件表明了主人公的这一精神？

他一生最大的缺点是不会“做人”

2012年春节刚过，一封近5000字的长信摆在了基地司令员的案头，是关于基地建设发展的想法，言辞激烈，语气率直。信是他写的，看得出很着急。直到司令员和他一起商定，安排人员和经费对他所提的发展路线进行研究，他绷紧的脸才松了下来，笑了。

住院期间，他和来看望他的基地司令员闭门谈了一个多小时。他也感叹，一生最大的缺点是说话直率得罪人，不懂人情世故，不会“做人”……

此处是反语，欲扬先抑。不懂人情世故，却有大爱。

他说话硬，直来直去，不绕弯子。乍一听，难以接受，时间长了，都知道他不玩虚的，一辈子有自己的做事和做人原则。就像他去世前说自己：“我不善于交往活动，实事求是搞科学。”

凡是和他有过接触的人，都知道他讲原则不是空的。他参加学术评审会，从来不收评审费，不让参评人员上门拜访。从没有接受过一个人的礼物，材料都是通过邮局或其他人捎带的，他只要材料，不要见人。科研成果报奖时，他总是把自己名字往后排，不是自己主持的项目坚决不挂名。平时专门的请客吃饭他概不参加，就喜欢自助餐。讨论会上该说就说，不管在座的人官大官小。

这段话在上下文中的作用是什么？

他有“三个不”：不是自己研究的领域不轻易发表意见、装点门面的学术活动坚决不参加、不利于学术研究的事情坚决不干。

2005年，东北地区某所大学邀请他当名誉教授。他说：“我们研究领域虽然接近，可是距离太远，鞭长莫及的，我给不了什么指导，这挂名教授我还是别当了。”

去年，在安徽黄山召开评审会，会议主办方请他当主要评审专家。他老老实实地说：“第一个成果跟我研究方向有点关系，但也够不上当主要评审专家；第二个成果不是我的研究领域，我当不了评委，你们抓紧时间再找人吧。”

他说，自己虽然是院士，只算得上某个领域专家，不可能样样都懂，样样都精。而且专业越深就越窄，别的懂的就越少。

他工资不低，所以掏钱时并不手软。老战友在外地聚会，他说战友们转业早，工资不高，他慷慨解囊。青海玉树地震，他悄悄捐了3万元。但他自己，一块手表用了15年，一个游泳帽用了19年，一个公文包用了20多年，一个铝盆补了又补舍不得扔。他搞实验，动手能力强，家里的沙发和床是他用包装箱拆下的木板做成的，沙发套是老伴亲手缝制的。客厅里的小木椅是他用家里铺完地板后剩下的废料，花了半天时间敲打好的。屋里的灯也是他引了一根电线加一个灯管改造而成的。

他去世后，学生们收拾他的衣物，除了军装，没找到几件像样的便装，两件毛衣还打着补丁。

于人慷慨无私，于己质朴节俭，更见其人格魅力。

他偶尔也享受过一次，他和老伴去郊外一个农家乐吃饭，点了一个“大丰收”，就是玉米、南瓜、花生煮在一起，他从来没吃过，对这个组合菜赞不绝口，对老伴说他们回去也做这个。

他的学生们说，老师是一个心里有爱的人，长时间接触，感受得更深。他戴了15年的手表，是大学母校百年校庆时送的纪念品，他一直戴着，旧了磨手，就用透明胶粘上。他去世后，护士想把手表摘下来，老伴理解他，说老林喜欢，就让他带着走吧。

他带过的每位学生，都在他的电脑里有一个属于自己的文件夹，每一个文件夹都详细记录着每个人的技术专长、培养计划和施教方案。

住院期间，他让学生们将各自的文件夹拷贝走，这时学生们才发现，从跟他的第一天起，短的三四年，长的十几年，他都详细准确地记录下了每个人的成长足迹。

去世前三天，他写下这辈子的最后的338字，虽然手抖得厉害，但字迹工整，没有一丝潦草。这是他给学生写下的论文评阅意见。他在5月的最后一天去世，这个学生在6月通过了毕业论文答辩。

以挽联收束全篇，是对林俊德一生的概括，也是马兰精神的核心。

创造了马兰精神、见惯了英雄的马兰人送给他一副挽联，为他送行：“铿锵一生，苦干惊天动地事；淡泊一世，甘做隐姓埋名人。”

（选自《人民日报》，有删改）

学习提示

人们称颂林俊德院士是“以智殉国铸就中华民族的铜墙铁壁，至死攻坚绽放成死亡之海的马兰”。在他有限的生命中，他将自己的一切都投身到为祖国奉献的无限的科学事业，以一种淡然的姿态跨越生死。他不仅是“2012年度感动中国十大人物”之一，更是值得我们学习的楷模。

阅读本文，你可以利用图书或网络搜集有关林俊德事迹的资料，对人物有进一步的了解。同时，你可以关注表现人物的方法，如本文分节列目的形式、首尾圆合的结构、线索与点染、材料的剪裁等。在这个过程中，你还可以综合使用精读、泛读、浏览等阅读方法。

1. 假如可以再生，我仍选择中国

⊙沈俊峰

邓稼先离世已经多年了，但其家中的陈设一如既往。许鹿希老人将丈夫生前用过的用具都标上了年代、使用日期，连邓稼先坐过的沙发上的毛巾都没换过。有变化的，是屋里多了一尊邓稼先的半身铜像。

许鹿希指着那对沙发对我说："当年杨振宁来看望邓稼先，就是坐在那里。"

1958年8月的一天，钱三强把邓稼先叫到办公室，幽默地对他说："稼先同志，国家要放一个大炮仗，调你去做这项工作，怎么样？"

那是一个改变邓稼先命运的夜晚。

许鹿希说："那一夜，他一反常态地无法安睡。到后来，他跟我说，他要调动工作。我问他调哪儿去，他说这不能说，做什么工作也不能说。后来，我说'你给我一个回信信箱的号码，我跟你通信'，他说也许这都不行。……过了一会儿，他突然说：'我的生命就献给未来的工作了。做好了这件事，我这一生就过得很有意义，就是为它死了也值得！’”

第二天，邓稼先像变了一个人，从不喜欢照相的他，带着妻子、四岁的女儿和两岁的儿子，到照相馆照了一张全家福。

之后，邓稼先走了。

在许鹿希的记忆中，邓稼先几乎从未休过探亲假。为此，很多人都曾问过许鹿希，为什么能够忍受和丈夫分离长达28年？她说，是因为她不仅见过“洋人”，还见过“洋鬼子”；不仅见过飞机，还见过敌人的飞机在空中盘旋轰炸自己的家园；不仅挨过饿，还被敌人的炮火逼着躲进防空洞忍饥挨冻。

她说因为有了这些与邓稼先共同的经历，才使她能够理解邓稼先，理解他的事业，同时，她觉得自己也有那一份责任，那一份对祖国的责任。她对丈夫说：“放心吧，我是支持你的！”

我国第一颗原子弹爆炸成功的消息发布后，人们又蹦又跳，高兴极了。

许鹿希说：“很多人问我：‘1964年10月16日晚上，你是不是和大伙儿一样，手里举着红色号外，高兴得又蹦又跳，欢呼第一颗原子弹爆炸成功了？’我如实地回答说：‘不是，我当时只觉得提到嗓子眼儿处的心，落下去了。谢天谢地，终于搞成了！’”

邓稼先与他的同事们，一代人完成了其他国家五代科学家才完成的任务，一口气从原子弹到氢弹到中子弹，从小型化迈进到电脑模拟核试验。

1979年，一次爆炸实验失败了，为了找到失败的真正原因，必须到那颗核弹被摔碎的地方去找回一些重要的部件。邓稼先说：“谁也别去，我进去吧。你们去了也找不到。我做的，我知道。”他一个人走进了那片地区，很快找到了核弹头。他用手捧着，走了出来。最后证明，那次失败是降落伞的问题。

就是那一次，强烈的射线严重地损害了邓稼先的身体。从他们寻找部件时留下的照片中可以看到，邓稼先仅穿了件简易的防护服。

邓稼先承受了这一切，隐姓埋名28年后，他的生命因过度燃烧而成了残烛。

邓稼先被确诊为直肠癌那一天，是1985年7月31日。从这一天到1986年7月29日，是许鹿希与丈夫相处的最后一段日子。这最后一年，许鹿希异常心酸。

仔细算来，许鹿希与邓稼先结婚33年，朝夕相处的日子只有六年，而能过快乐而平凡家庭生活的就只有结婚后的前五年，其余时间，独守家中的许鹿希除了思念就是担心。

即使在邓稼先生命的最后一年，他也不能完全属于她。

手术后，因白细胞数目太少，血象太差，必须中断治疗，医生建议邓稼先回家休养。预感到日子不多了，他对许鹿希说：“我有两件事必须做完，那一份建议书和那一本书。”他指的是向中央提出的关于我国核武器发展的建议和规范论。

邓稼先已经知道自己是癌症缠身，生命就要走到尽头了。他感到了时间的紧迫，几乎是置一切于不顾，和生命进行最后的赛跑。

那时候，因为疼痛剧烈，不断地注射止痛针，他身上的针眼密密麻麻，皮肉都扎烂了，满头虚汗。就是在这样的情况下，他以高度的责任感和事业心，以顽强的意志在病榻上思索、工作，拼命要做完这一件事。他不断地约同事们到医院来商量建议书的事情，病房变成了会议室。经过和九院的同事们反复研究讨论，多次修改，在邓稼先逝世前的三个多月，他终于完成了给中央的建议书……

有一天，邓稼先拉着许鹿希的手，向她描述原子弹爆炸时的壮丽景象：奇异的闪光，比雷声大得多的响声翻滚过来，一股挡不住的烟柱笔直地升起……沉浸在那自己创造的“大漠孤烟直，长河落日圆”的诗意中，他的声音虽然微弱，却是那么坚定：“我不爱武器，我爱和平，但为了和平，我们需要武器。假如生命终结后可以再生，那么，我仍选择中国，选择核事业。”

那天，在舒伯特迷人的音乐中，邓稼先又一次拉着许鹿希的手，默默地吟诵着肖贝尔的歌词：“你安慰了我生命中的痛苦，使我心中充满了温暖和爱情……”

1986年6月24日，全国各大报纸显著版面刊登着同样的文章——《两弹元勋邓稼先》。7月29日，邓稼先用最后的呼吸回应了28年前的领衔受命：死而无憾！

他临终前留下的话仍是如何在尖端武器方面努力：“不要让人家把我们落得太远……”

邓稼先的精神、品格和成就令无数后人肃然起敬，深深怀念。

2. 在约里奥－居里[1]夫妇门下

⊙钱三强

巴黎是一座饮誉世界的历史名城。巍峨的埃菲尔铁塔，雄伟的凯旋门，富丽堂皇的凡尔赛宫，蜿蜒多姿的塞纳河，把整个城市装扮得绚丽多彩。我很早以前就向往巴黎，然而吸引我的并不是巴黎的美丽多姿，而是因为我崇拜的世界著名科学家、两次诺贝尔奖获得者玛丽·居里夫人曾在这里工作、生活过。

1937年9月的一天，我随严济慈教授来到位于文化区的巴黎大学镭学研究所的居里实验室。早年曾在这里实习过的严教授是来巴黎进行光学仪器制造方面的考察的。

居里实验室是居里夫人创建的。居里夫人谢世后，实验室名义上虽然由居里夫妇的老同事、元素“锕”的发现者德比爱纳教授任主任，实际上是由她的大女儿伊伦娜·约里奥–居里主持。

---

① 约里奥－居里：法国物理学家，物理学家居里夫妇的女婿。1932 年与其妻伊伦娜·约里奥－居里合作，用 α 射线轰击铍、锂、硼等元素，发现一种穿透性强的辐射，后经查德威克的研究，确定为中子。1934 年在用 α 粒子轰击铝、硼时首次产生了人工放射性物质，并对裂变现象进行过研究。夫妇俩共获 1935 年诺贝尔化学奖。

身着白色工作服的约里奥-居里夫人在实验室后面那绿草如茵、幽雅恬静的小花园里亲切会见了我们。

“他是中法教育基金委员会考取的留学生，想在您这里读博士学位。”严教授指着我向约里奥-居里夫人介绍说。

对遭受日本践踏的中国怀有同情之心的约里奥-居里夫人向我询问了学习经历和今后的研究方向，爽快地说：“那好，我来负责指导你的博士论文。”

初次会见是短暂的，又是令人难忘的。我仿佛置身梦境一样，未曾想到，在这一瞬间自己就成了向往已久的居里实验室的一员，成了由衷钦佩的约里奥-居里夫人的学生！对我的一生将产生重要影响的一段科学生涯就这样开始了。

约里奥-居里夫人当时40岁左右，修长的身材，宽阔的前额，一双深邃的眼睛闪烁着睿智的光芒。她的外貌非常像她的母亲，性格却酷似她的父亲。她衣着简朴，但作风极为严谨；仪表威严，但待人极为谦和。平素不苟言谈，但出语沉稳而亲切，透着热忱与慈爱。她整天潜心于科学研究之中，表现出少见的勤奋、刚毅与献身精神。她的工作台总是那样整洁有序，而且许多工作都亲自动手去做。

能够在这样一位功名卓著、作风严谨而又品格高尚的科学家直接指导下工作是多么难得的机遇！我也像导师一样把整个身心都沉浸在科学研究之中。每天，天际刚刚显露一抹曙色，我就赶紧起床，匆匆吃点东西，乘地铁赶赴实验室，一直工作到很晚才返回住处。这近似于单调的生活，在我看来并不枯燥，相反地却感到内心很充实。有时，疲惫也会向我袭来，感到难以自持，可一想到苦难的祖国、师友与亲人的嘱托，心中便增添了无穷的力量。

我主要是做物理学方面的研究工作，但放射源是用化学方法制备出来的，所以我又产生了做化学研究工作的愿望。

“钱先生，那个化学师您不是也认识吗？”一天，导师对我说：“您如果回国后也可能要做放射源，就去和她学学吧！”

导师说的那位化学师葛黛勒夫人也是法籍波兰人。在居里实验室，放射化学的技术性工作和做放射源都是由化学师负责的。

“好！”我回答说。我又一次深切感到，外表深沉的导师的心是那样火热，为她的学生考虑得是那么周到。是的，回国后，如果国内有铀矿，也需要进行分析工作；做物理研究工作也需要做放射源。在这里有人为你去做，可回到国内有谁替你去做啊！

“一般讲，学物理的人不大喜欢做这样的工作。”导师说。

我马上对导师说：“我喜欢做。”

葛黛勒夫人是约里奥-居里夫人的同学，是一位有威望的科学技术专家。她听了我的心愿，便让我独立做一个钋的放射源。

这实际上是一次考试。我仿效葛黛勒夫人的方法，一丝不苟地开始了工作。葛黛勒夫人每隔一段时间便来一次，给我一些指点。当工作接近尾声，要测定放射性强度的时候，葛黛勒夫人又来了：“我来帮你测一下！”

葛黛勒夫人又让我做了四个放射源的样品。到要测定放射源的强度时，她来了，仔细地测量了一遍：“成了，钱先生！三个基本一样，一个略微差一点儿，不过是在允许误差范围内的！”

化学师的评价，标志着我的放射化学技术工作初步过了关。

“钱先生做得很好，我原以为他是做物理工作的，可能做不好化学工作呢！”葛黛勒夫人对老同学约里奥-居里夫人说。她还在同事中替我广为宣传：“你们有什么工作可以找钱先生，他的化学工作做得也很好！”

由于我赢得了化学师的信任，也赢得了其他同事们的信任。在科学研究上，没有什么比能够获得别人的信任更重要、更珍贵的了。得到别人的信任，你就会得到更多的合作、学习、交流的机会。在居里实验室，我前后写了三十几篇科学论文，有一些就是与同事们合作完成的。其中有的是我提出来的，同事们产生了兴趣，欣然与我合作；有的是人家提出来的，我产生了兴趣，便与人家合作。这些科研工作多数是物理方面的，也有一些是化学方面的。在与同事们真诚、有效的合作中，我拓宽了自己的知识面和科学技术领域，汲取了同事们的长处。实际上，这比完成一篇博士论文本身的收益还要大。

一天，约里奥-居里夫人对我说：“我们这个实验室是老实验室，有些成型设备，但新仪器不多。法国政府拨了一笔钱，在法兰西学院建立了一个原子核化学研究室，由约里奥先生在那里主持。他们那里有不少新的仪器，还有欧洲大陆第一台回旋加速器。有些实验室工作你也可以到他那里去做。你可以一段时间在这里工作，一段时间到那里去工作。这对你可能会更有好处。”

“太好了！”我兴奋地说。导师无微不至的关怀使我激动不已。

法兰西学院也位于文化区，距居里实验室很近。我第一次见到弗雷德里克·约里奥教授，立即感到导师的丈夫与导师有着完全不同的风格。这位身材魁梧、眉毛浓重、风采照人的科学家热情奔放，性情爽朗，谈锋颇健。他不仅是一位杰出的科学家，还是一位优秀的社会活动家。两位科学家性格迥异，然而配合得却是那样默契。

约里奥教授有着高超的实验技巧和娴熟的动手能力，自己能上机床，加工自己所需要的零件。他平易近人，和悦可亲，与工人师傅的关系极为融洽。如需工人师傅加工零件，也不需要画出图纸，用嘴讲一讲，工人师傅便能按他的意图加工出来，他再亲自动手改一改就成了。

“这台云雾室是在市郊一家小工厂加工的。我可以带你去一次，以后你就可以自己直接去了。”约里奥教授指着实验室里的一台仪器说：“你会金工吗？”

“学过一点儿。我在清华大学选修过这门课程。”我回答说。

“那就更好了！”教授显得很高兴。

来到那家小工厂，约里奥教授与老师傅做了交代，以后的工作联系就由我担任了。在小工厂定做的一台云雾室需要的自动照相设备，是由我和一个荷兰同事共同设计的，画图过程中也常与老师傅打交道，最后完成得很好。约里奥还夸奖中国大学的训练很好，法国大学毕业生常常考得好，但动手能力却不太强。

约里奥教授很喜欢聊天，常常一边工作，一边与我聊，讲述他那充满传奇的科研生涯中的难忘的往事，就像讲述一个个生动有趣的故事，绘声绘色，引人入胜。

一次，约里奥教授与我谈起了他失掉了一次重要的科学发现的故事：“人们起初认为原子核是由质子与电子组成的，但这种设想不能令人信服。直到1920年卢瑟福才在英国皇家学会‘贝克连科普讲演’中提出原子核中可能存在一种中性粒子的假设。但我那时候没有注意到科普讲演会有创造性的概念。1930年德国波特等发现用α射线打击铍原子核时，产生了一种穿透本领极大的射线，比已知的能力最强的γ射线都要强。1931年，我们在实验室中证明这种射线可以把含氢物质中的氢原子核撞出来。假若它是类似γ射线的东西，那它的能量将大得不合理。当时，我查阅的文献资料相当全，但是就没有注意科普材料，所以仍然勉强地把这种新的射线当成了γ射线。我们的文章发表了，英国的查德威克看了我们的论文，几乎立即就想到，这也许就是卢瑟福预言的新粒子，于是，他马上进行了实验，一个月后就发表了论文，点出了中子的存在！哎，我真笨呀！中子存在的证据80%已经被我们得到了，但就没有把它点明白。当我查看了查德威克的论文，直懊恼地用拳头打自己的脑袋。”

我听得入迷了。在我的眼前展现出一幅科学家们探索微观世界而竞相拼搏的壮观图景，其间交织着艰难的思考与灵感的火花，成功的欢乐与痛失良机的懊恼……

“那么，查德威克听到了卢瑟福的报告了？”我的内心由对约里奥教授的同情又转向对查德威克成功的探索。

“是的。他不仅听到了卢瑟福的报告，而且整天就在卢瑟福主持的卡文迪许实验室里工作。查德威克非常聪明，因为发现中子而得到了1935年诺贝尔物理学奖。我真是笨死了！”说到这里，约里奥教授又以拳头击头，仍在为多年前的失误而痛惜。

“约里奥教授太谦虚了！”我心里想到教授根本谈不上笨，他同他的夫人曾因发现人工放射性在1935年获得了诺贝尔化学奖。约里奥教授没有回避自己的疏忽与缺点，而且由衷地钦佩自己的竞争对手，现在又把自己的教训讲给自己的学生，这种高尚的道德情操是多么令人钦佩啊！事实上实验室的传统是一个相当重要的因素。剑桥的物理传统和巴黎的化学传统促使中子和人工放射性的发现发生在英国和法国，是毫不奇怪的。

3. 超级水稻，袁隆平心中的中国梦

⊙李洪文

每个人的心中，都有一个梦想，而袁隆平的梦想是在“稻禾下乘凉”，他要让那金灿灿的稻米，彻底解决人类的温饱问题。

随着袁隆平培育的杂交水稻的出现，饥饿这个人类历史上最大的敌人开始战栗，开始退却了，人类不再被饥饿所困扰的美好前景，终于迎来了黎明的曙光。

不管袁隆平取得了多大的成绩，他心系百姓、关心百姓疾苦的初衷都没有变化。在两会上，他一份又一份的提案相继提出，几乎每一份提案，都是当时新闻界热议的焦点。

一颗小行星，用袁隆平的名字命名。接着，袁隆平又喜获国家最高科学技术奖。袁隆平功成名就，但是他并没有躺在功劳簿上，而是带着高瞻远瞩的眼光又瞄准了一个更高、更难、更具有挑战性的目标……

梦想，900 公斤的“超级稻”终于成功

“我在追求一个体重900公斤的‘姑娘’。”这个“姑娘”终于

在2012年某一天，被袁隆平“追求到手”了。

袁隆平充满幽默的语言，其实是在讲实现超级稻亩产900公斤的喜讯。超级稻亩产900公斤的试验田，就在湖南省怀化市溆浦县横板桥乡兴隆村。当时你要走进超级稻验产的现场，一定会被紧张、激动的气氛所包围。

1994年，袁隆平向国务院申请科研经费的时候，他曾经亲口做出了保证，那就是在三年之内，一定要培育成功亚种间杂交水稻。要想弄明白什么是亚种间杂交水稻，首先得从我国种植的水稻讲起。我国种植的水稻一般分为两种：一种是籼稻，另外一种是粳稻。而爪哇稻分布于马来西亚、印度尼西亚、菲律宾等国家的热带山区，是一种迟熟、高秆、长穗的热带水稻，我国基本没有种植。籼稻叶片茸毛多，谷粒细长而稍扁平，米粒直链淀粉含量较高，胶稠度硬，故蒸煮的米饭不黏。粳稻米粒短而粗，籽粒强度大，耐压性能好，加工时不易产生碎米，出米率较高，米饭胀性较小。袁隆平用籼稻父本和籼稻母本两个自交系，培育成功了二系法杂交稻。而亚种间杂交水稻，却要用籼稻和粳稻两个不同稻类品种进行杂交。

一开始的时候，这种亚种间的杂交稻只存在于理论中。袁隆平的研究目标，是要将分散在籼稻和粳稻上的有利因素集中在一起，让这个增产效果明显的亚种间杂交水稻为人类造福。

袁隆平和科研人员不畏艰难险阻，籼籼交的二系法杂交水稻已经培育成功，并应用于大田，增产的效果明显。可是袁隆平在做籼粳稻亚种间杂交实验的时候，培育成功的亚种间杂交稻种被播种下田，秋天收获的时候，却发现只长草不增谷，很显然，科研中心的技术不达标，致使亚种间杂交水稻的实验失败了。

面对弥漫在科研人员中的悲观情绪，袁隆平指出，亚种间杂交水稻的思路绝对没有问题，但问题是科研人员急于求成，选种的时候，将两种需要进行杂交的水稻选择得亲缘太远，致使它们的种子出现了退化现象。

袁隆平给出的战略思想是，应采取远中求近的方法，利用广亲的籼粳稻做恢复系，以求早日培育出优势更大的亚种间杂交水稻新品种。

袁隆平根据实际情况，定出了以下的六条方针：矮中求高、显超兼顾、穗中求大、高粒叶比、以饱攻饱和爪中求质。这六条方针，就好像六盏指路的明灯，为科研人员照亮了育种的方向；这六条方针，就好像六把准确的尺子，为科研人员框定了选种的精度。全国各育种的协作单位，经过辛苦的努力，最终选育出了一批优势明显、增产效果显著的亚种间水稻新品种。杂交水稻育种的一个难题又被攻破了。

原中国水稻研究所闵所长曾经说过这样一段话，这段话堪称是对袁隆平很经典的总结："我真佩服袁隆平先生，在每一个关键时刻，每一个困难面前，他都毫不动摇……两系法'打摆子'时，他用'不育起点温度'来解决；不育起点温度漂移了，他又用'核心种子生产程序'来解决——反正什么困难都难不倒他！"

面对胜利，袁隆平就好像一个临阵指挥的将军，他并没有像其他科技人员那样，享受成功而沾沾自喜，而是将目光投得更远，他在努力寻找下一个目标，一个更难攻破的目标！

时不待我。日本、菲律宾、印度等国家的水稻专家们已经在奋起直追，袁隆平想要使中国的杂交水稻立于不败之地，只能是不停地奔跑，向着太阳奔跑，向着心中那个金灿灿的理想奋力奔跑。

800公斤，800公斤！功夫不负有心人。2004年，袁隆平指导的超级稻试验田，终于达到了亩产800公斤的纪录！而且这种超级稻米质可达到部标二级，可抵抗两种以上主要病虫害。

2006年，这是个飘着稻香、充满重量的一年。袁隆平厉兵秣马，又奋力向亩产900公斤的目标一次次地发起了冲刺！

2012年9月18日，让时间定格在这一天，溆浦县横板桥乡兴隆村，在这片肥沃的土地上，由袁隆平培育出的“Y两优2号”百亩超级杂交稻试验田正式进行收割、验收。

一边是溆浦县的验收基地，一边是长沙市袁隆平的水稻研究中心办公室。为了保证验收公正，袁隆平并没有亲临现场，他一直坐在办公室的电话机旁，专家组随机抽取了三块试验田进行验收，每验收一块试验田的产量，现场的工作人员就会通过电话向一直守在电话机旁的袁隆平报告这块试验田的产量。

袁隆平将这三块试验田的产量记录在本子上，经过一番计算，计算机的显示屏上出现了一个超过900公斤的数字，这就说明已经实现平均亩产超900公斤的目标。

袁隆平连声说好，他神色凝重的脸上，终于露出了欣慰的笑容。最后，农业部委派的专家组成员进行了现场监督验收——平均亩产为917.72公斤。

917.72公斤，一个振奋人心的数字，能达到这个产量，对育种行业的科研人员来说，就好像是跳高运动员到了一定的高度一样，别说提高一厘米，就是再想提高半厘米，都将是非常非常难的事情。

袁隆平花了七年的时间，用他自己的话来说，就好像矮子爬楼梯慢慢爬，最后终于实现了杂交水稻亩产900公斤的目标。

袁隆平曾经面对记者打趣地说："这个体重'900公斤重的姑娘'终于被我'追求到手'了！"

2007年2月6日，根据《中国青年报》报道，网友、专家共同选出国内的"新四大发明"——杂交水稻、汉字激光照排、人工合成牛胰岛素、复方蒿甲醚四项最终入选。并且，"杂交水稻"在评选中一直遥遥领先，占据第一的位置直到最后。

湖南省委的主要负责人在接受记者采访时说："有人说杂交水稻可以和中国的四大发明相比，我认为这毫不过分。大家如果追星就应该追袁老师这样的科学明星！"

4. 曾庆存：让天有“可测”风云

⊙吴月辉

“温室栽培二十年，雄心初立志驱前。男儿若个真英俊，攀上珠峰踏北边。”1961年，中国科学院院士曾庆存从苏联留学回国时写下这首《自励》诗，立志不辜负国家的培养，要攀上大气科学的“珠穆朗玛峰”。

如今，59年过去了，不负初衷，曾庆存在数值天气预报、地球流体力学、卫星大气红外遥感、气候与环境科学、自然控制论等领域取得了一系列突出成就，用丰硕的成果回报了他挚爱的祖国和人民。

敢挑最硬的骨头“啃”

全国24小时晴雨预报准确率已达87%，暴雨预警准确率提高到88%，强对流预警提前量达38分钟，可提前3至4天对台风路径做出较为准确的预报……

如今，随着气象观测与预报技术的不断进步，人们切身体会到：天气预报越来越准了。

而这背后，曾庆存功不可没。

他是国际数值天气预报的奠基人之一，首创“半隐式差分法”，在国际上首次成功求解斜压大气原始方程组，能预报出描述大气运动的风速、风向、温度和湿度等变量。

在数值天气预报时代到来之前，人们主要凭借经验来预测和判断天气。

古人常常通过看云和风来识别天气，并总结出一些规律，比如：“天有城堡云，地上雷雨临”“东风送湿西风干，南风吹暖北风寒”……

后来，虽然有了各种气象仪器以及无线电技术的辅助，可以使得各地的气象观测数据及时汇总到一个中心，绘成“天气图”，但这种天气图法的预报在很大程度上仍需要依赖于预报员凭经验做出主观判断。

曾庆存就清楚地记得，自己大学期间在中央气象台实习时，常常看到气象预报员们废寝忘食地守候在天气图旁进行分析判断和发布天气预报的情景。

“每一次发布预报时，预报员们心里都没有把握。”曾庆存说。

如何让天气预报更精准？当时各国气象学家都在积极探索。

1956年，在苏联学习期间，曾庆存加入了对数值预报的研究，选择了应用斜压大气动力学原始方程组做数值天气预报的课题。

这可是一道时人不大敢问津的世界著名难题。当时，曾庆存的导师——国际著名气象学家基别尔也在研究原始方程，但他的研究开展了一半，碰到很大困难，尚未完成。

“所有的师兄都反对，认为我很可能研究不出来，最后连学位都拿不到。”曾庆存说。

然而，曾庆存从小就有一股子不服输的劲头，越是难“啃”的硬骨头越要好好“啃”。

于是，在导师的指导下，曾庆存开始全力攻坚。

他研究发现，原始方程难以求解的一大重要原因就是大气运动具有不同的尺度，时刻都在变化，且包含风速、风向、温度、湿度和气压等各种天气变量，难以建立一套科学有效的稳定计算方法。“我后来想到，何不化繁为简，按照大气运动过程的快慢，隐去一方，分别计算，再加以整合？”

那个年代，计算机在苏联也很稀缺。曾庆存每天只有10个小时的上机时间，而且还只能在深夜。于是，他就白天用纸算，晚上带着纸去计算机房，一万多行程序，一条条验证。

经过努力，1961年，曾庆存首创出“半隐式差分法”数值预报。这项成果立即在莫斯科世界气象中心应用，预报准确率前所未有地提升到了60%以上。自此，数值预报成为天气预报的主要方法。

党和国家的需要，就是我的第一选择

在曾庆存的学术清单上，国家需求始终是排在第一。

“我出生于贫苦农家，全靠父母和姐姐们承担繁重的劳动才能读到中学。当时最大的梦想就是中学毕业当个乡村教师，赚钱贴补家用。”曾庆存说，“如果不是新中国成立，上大学是想也不敢想的事。我衷心感激党和国家的恩情，所以党和国家的需要，就是我的第一选择。”

1935年5月，曾庆存出生在广东阳江的一个贫穷的农民家庭。他曾在《和泪而书的敬怀篇》一文中提到自己的幼时生活：“我小时候家贫如洗，拍壁无尘。双亲率领我们这些孩子力耕垄亩，只能过着朝望晚米的生活。”

虽然家境贫寒，但父亲曾明耀却非常重视子女的教育，很早就把曾庆存和哥哥一起送到学堂读书。因为知道机会来之不易，兄弟俩也格外珍惜上学读书的时光，学习很努力，成绩一直名列前茅。

1952年，曾庆存考入了北京大学物理系，服从国家需要学习气象专业。

曾庆存说：“当时，学校提出让我们一部分学生改学气象专业，我毫不犹豫就答应了。”

曾庆存说，之所以这么果断地答应转气象专业，一是因为当时新中国刚成立不久，亟需气象科学人才；二是源于自己的亲身经历，他幼时家贫，对人民群众生活和农业生产受天气和气候影响有深切感受。

“后来有一件事让我更加坚定了学习气象专业的信心。1954年的一场晚霜，把河南40%的小麦冻死了，严重影响了当地的粮食产量，老百姓吃不饱肚子。如果能提前预判天气，做好防范，肯定能减少不少损失。”

1970年，曾庆存又一次服从国家发展需要，暂时中止了自己正在进行的研究工作，转而去从事当时在国际上兴起、中国尚是空白的气象卫星和大气遥感相关研究工作。

在此期间，繁重的工作使曾庆存积劳成疾，又恰逢自己的兄长也患重病要动大手术需要照顾和护理。无奈之下，他只能把妻子和幼子托寄于十分贫困的农村老家。

尽管困难重重，曾庆存仍废寝忘食地全身心投入工作。

曾庆存说："做卫星其实是很难的。没有经验可参考，资料也很少，还要经常下工厂。但因为是国家需要的，所以不管怎么样都要把它搞出来！"

最终，在不懈努力下，曾庆存带领团队解决了卫星大气红外遥感的基础理论问题。此后，他又利用一年时间写出了一部长达30万字的《大气红外遥测原理》一书，于1974年出版。这是当时国际上第一本系统讲述卫星大气红外遥感定量理论的专著，其中的一些理论直到现在，都在中国和世界气象卫星遥感和资料应用中被广泛应用。

"卫星是发现灾害性天气最主要、最重要的手段，自从我们有了气象卫星之后，中国大陆的台风监测一个都没漏掉。"曾庆存很欣慰。

不能让老一辈科学家创立的优秀研究所在我手上衰落

曾庆存不仅是一位优秀的科学家，还是一位推动我国科研发展的杰出领导者。

1984年，年仅49岁的曾庆存挑起了中国科学院大气物理研究所（简称“大气所”）所长的重任。然而，刚一上任，迎接他的就是巨大的困难和挑战。

80年代初期，我国基础研究正处于极其困窘的境地：国家经济落后投入少，人们也没意识到基础研究的重要性。大气所因此缺少科研经费，实验室极其简陋，资料没钱买，设备没钱更新，生活条件就更不必说了。在这样的状况下，整个所里人心涣散。

曾庆存看在眼里，急在心上。

中国科学院原党组副书记郭传杰至今都还记得，32年前他到大气所调研时，曾庆存为基础研究和大气所发展奋力疾呼的场景。

他说：“古人有陶渊明，能够不为五斗米折腰。我也算是个知识分子吧，如果是为我自己，我也不会为五斗米去折下自己这个不太高贵的腰。而现在，我已经折得腰肌劳损了，可还得继续折下去。为什么呢？因为我不能让竺可桢等老一辈科学家创立的优秀研究所在我手上衰落下去。大气研究是对国家安全、民生等方面都非常重要的领域，其实我们也不会花太多的钱，就是希望国家能够重视基础研究，让我们的科研人员能够有一个安心的环境来做工作就行了。”

郭传杰坦言，那次曾先生的发言让他有一种振聋发聩的感觉，也让自己肩上有了一份要推动国家基础研究大力发展的责任。

此后，在担任所长的9年间，曾庆存身体力行，历尽艰难。在他的带领下，大气所上下一心，顺应改革形势以及世界大气科学的发展趋势，到达了一个新的辉煌高度。他开创和领导的“大气科学和地球流体力学数值模拟国家重点实验室”“大气边界层物理和大气化学国家重点实验室”“国际气候与环境科学中心”短短几年便在国际上颇有名气，成为我国大气科学基础研究的中坚力量。

在引领和指挥大气科学大方向的同时，曾庆存还不忘言传身教，为我国气象事业培养了一批又一批优秀研究生和青年学者，这些人中的大部分已经成为国家大气科学研究和业务领域的骨干和顶尖人才。

曾庆存教导学生，做学问要做深做透，不能浅尝辄止。为此，他以身作则，每次修改学生论文，必仔细斟酌修改多次。他的学生都有过这种经历：曾先生修改后的论文草稿都是密密麻麻，还有加页的，需认真思考才能读懂。

除此之外，曾庆存还特别注重学生的数理基础，注重多学科的交叉融合。他带过的研究生和博士后中，除了来自大气科学专业背景的，还有来自基础数学、应用数学、物理学、力学、海洋科学，以及控制论和环境科学等领域的。

正是源于曾庆存的悉心指导和严谨治学，很多他带过的学生如今正一步步成长为科研骨干，在国内外气象领域不断崭露头角。

在埋头科研之余，曾庆存也写得一手好诗和好文章。虽然许多人将科学和艺术看作两个完全不同的领域，但他却指出，无论科研还是写作，都离不开理性思维和形象思维二者的相互配合。在曾庆存看来，做学问也是要讲求美的，“枯燥无味的学问不是好学问”。

谈及中国大气科学的未来，耄耋之年的曾庆存充满信心，并寄予厚望。

“我曾立志攀上大气科学的珠峰，但种种原因所限，没能登上顶峰，大概只在8600米处建立了一个营地，供后来者继续攀登。真诚地希望年轻人们勇于攀登，直达无限风光的顶峰。”

（选自《人民日报》，有删改）

古代的记数方法

从远古时代文明发展的最初阶段起，先民们为了计算猎物，分配食物，不断地积累着关于事物数量的知识。人们认识数是从“有”开始的，起初略知“一”“二”，后来在社会生产和生活实践中不断积累，知道的数目才逐渐增多。

我国古代记数的符号，大致有两个系统，一个是算码，一个是数字。前者多用于商业和数学书籍，后者多用于文书和典籍中记录数字。后来又从域外传入了阿拉伯数字和罗马数字。

单元学习任务

任务一

大学者不唯有大学问，更有情怀。在他们身上，家国与个人、真理与自我、理想与命运始终交织在一起，从来都那么真切动人。阅读本单元文章，仔细体会几位科学家的人格魅力，从中选出一位最触动你内心的人物，在学习小组或班级内分享，说一说他的哪些精神或品质打动了你，理由是什么，同时认真倾听其他同学的发言，完成下表的笔记。

分享者	感动人物	分享者的感动理由	分享者的观察角度（人物的语言、行为、性格、思想等）	我的评价（是否能准确分析人物形象、是否能联系人物所处的时代背景、观点是否独到等）

任务二

评点批注是阅读文章、记录感想的一种重要的读书方式。比如脂砚斋评点《红楼梦》，对王熙凤出场一节“一语未了，只听后院中有人笑声，说：‘我来迟了，不曾迎接远客！’”几句，评点道：“第一笔，阿凤三魂六魄已被作者拘定了。”他认为作者手法高妙，仅一先声夺人就勾勒出了王熙凤恃宠放诞、泼辣爽直的形象，可谓眼光毒辣。

请你运用评点批注的方法阅读本单元文章，就其中有感触的细节做评点，在学习小组或班级内进行交流。

细节：	细节：
评点：	评点：

任务三

不仅仅是科学家或专家学者，改革开放40余年来，各行各业都涌现出众多的杰出人物，其中有许多人物感动了中国。

请同学们关注历年“感动中国”人物颁奖典礼，尤其是获奖人物事迹与颁奖词，然后在本单元中选择一位你心目中的感动中国人物，利用图书或网络深入了解其所处时代与生平事迹，并仿照如下颁奖词，为其写一段60字左右的“我心中的感动中国人物”颁奖词。

颁奖词

大漠，烽烟，马兰。平沙莽莽黄入天，英雄埋名五十年。剑河风急云片阔，将军金甲夜不脱。战士自有战士的告别，你永远不会倒下！

——“感动中国”2012年度人物林俊德颁奖词

颁奖词

栋梁之材

展开时光的画轴，多少杰出人物灿若繁星、熠熠生辉。他们既是历史长河中浓墨重彩的一笔，也是一个国家与民族的栋梁。无论是经世济民、运筹帷幄的政治家、军事家，还是指点江山、激扬文字的文化学者，在他们身上，我们不仅能够领略到大师风范，更能够从他们的言行中获得持续的思想激荡与鼓舞。阅读本单元文章时，我们既要欣赏文章独特的艺术魅力，又要感受其中所蕴含的人物的精神追求。

学习本单元要注意在通览全篇、了解大意的基础上，结合人物生平及其所处时代，把握关键语句或段落，字斟句酌，揣摩品味其含意和表达的妙处，把握人物特征，理解人物的思想感情。

1. 闻一多先生上课

⊙汪曾祺

起首总述，开门见山。下文用哪些事例刻画了闻一多先生这一性格特点？

闻先生性格强烈坚毅。日寇南侵，清华、北大、南开合成临时大学，在长沙少驻，后改为西南联合大学，将往云南。一部分师生组成步行团，闻先生参加步行，万里长征，他把胡子留了起来，声言：抗战不胜，誓不剃须。他的胡子只有下巴上有，是所谓“山羊胡子”，而上髭浓黑，近似“一”字。他的嘴唇稍薄微扁，目光灼灼。有一张闻先生的木刻像，回头侧身，口衔烟斗，用炽热而又严冷的目光审视着现实，很能表达闻先生的内心世界。

对胡须与目光的描写突出了闻一多“冷”与“热”之间的坚毅深峻、爱国衷情，文中还有哪些打动你内心的细节？

联大到云南后，先在蒙自待了一年。闻先生还在专心治学，把自己整天关在图书馆里。图书馆在楼上。那时不少教授爱起斋名，如朱自清先生的斋名叫“贤于博弈斋”，魏建功先生的书斋叫“学无不暇簃”，有一位教授戏赠闻先生一个斋主的名称：“何妨一下楼主人”。因为闻先生总不下楼。

幽默的语言塑造出使人钦敬的形象，让人领略了西南联大诸位教授的风采。

西南联大校舍安排停当，学校即迁至昆明。

我在读西南联大时，闻先生先后开过三门课：楚辞、唐诗、古代神话。

楚辞班人不多。闻先生点燃烟斗，打开笔记，开讲：“痛饮酒，熟读《离骚》，乃可以为名士。”闻先生的笔记本很大，长一尺有半，宽近一尺，是写在特制的毛边纸稿纸上的。字是正楷，字体略长，一笔不苟。他写字有一特点，是爱用秃笔。别人用过的废笔，他都收集起来，秃笔写篆楷蝇头小字，真是一个功夫。我跟闻先生读一年楚辞，真读懂的只有两句“袅袅兮秋风，洞庭波兮木叶下”。也许还可加上几句：“成礼兮会鼓，传芭兮代舞。姱女倡兮容与。春兰兮秋菊，长无绝兮终古。”

真名士，自有高格。

什么叫作“真读懂”？这几句诗的意思又是什么呢？

闻先生教古代神话，非常“叫座”。不单是中文系的、文学院的学生来听讲，连理学院的、工学院的同学也来听。工学院在拓东路，文学院在大西门，听一堂课得穿过整整一座昆明城。闻先生讲课“图文并茂”。他用整张的毛边纸墨画出伏羲、女娲的各种画像，用摁钉钉在黑板上，口讲指画，有声有色，条理严密，文采斐然，高低抑扬，引人入胜。闻先生是一个好演员。伏羲女娲，本来是相当枯燥的课题，但听闻先生讲课让人感到一种美，思想的美，逻辑的美，才华的美。听这样的课，穿一座城，也值得。

孔子说：“朝闻道，夕死可矣。”对真理、智慧与美的追求已达到极致。

能够像闻先生那样讲唐诗的，并世无第二人。他也讲“初唐四杰”、“大历十才子”、《河岳英灵集》，但是讲得最多，也讲得最好的，是晚唐。他把晚唐诗和后期印象派的画联系起来。讲李贺，同时讲到印象派里的点画派，说点画看起来只是不同颜色的点，这些点似乎不相连属，但凝视之，则可感觉到点与点之间的内在联系。这样讲唐诗，必须本人既是诗人，也是画家，有谁能办到？闻先生讲唐诗的妙悟，应该记录下来。我是个大大咧咧的人，上课从不记笔记。听说比我高一班的同学郑临川记录了，而且整理成一本《闻一多论唐诗》，出版了，这是大好事。

此书是唐诗研究经典著作，深入浅出，甚见作者功力，感兴趣的同学不妨一读。

我颇具歪才，善胡诌，闻先生很欣赏我。

我曾替一个比我低一班的同学代笔写一篇关于李贺的读书报告——西南联大一般课程都不考试，只于学期终了时交一篇读书报告即可给学分。闻先生看了这篇读书报告后，对那位同学说：“你的报告写得很好，比汪曾祺写的还好！”其实我写李贺，只写了一点：别人的诗都是画在白底子上的画，李贺的诗是画在黑底子上的画，故颜色特别浓烈。这也是西南联大许多教授对学生鉴别的标准：不怕新，不怕怪，而不尚平庸，不喜欢人云亦云，只抄书，无创见。

以此自照，可作为为学目标。

学习提示

1946年7月，一位一生教书育人，即使在炮火纷飞的年代一路流亡也从未放弃的学者，在云南昆明被国民党特务暗杀了。他是现代史上公认的集诗人、学者、民主战士于一身的大师。他就是闻一多。现代散文大家汪曾祺是闻先生的学生，他用自己朴素的笔触，写出了闻先生刚毅爱国、博学旷达、高妙多才的人格魅力，也表达了对先生的崇敬之情。

阅读文章时，要注意作者是如何在有限的文字内呈现这样一位巨匠的精神风骨的。运用精读的方法，细致品味语言，关注作者如何从学生的角度，撷取闻先生生活与教学中的片段，把人物置于时代的洪流中，再融入个人的体会，通过细节描写、人物之间的关系等呈现人物形象的手法。

2. 最后一位戴罪的功臣（节选）

⊙梁　衡

通读全文，结合林则徐“虎门销烟”的史实和当时的社会背景，想一想作者为什么称之为“近代史上第一人”。

既然中国近代史是从1840年鸦片战争算起，禁烟英雄林则徐就是近代史上第一人。可惜这个第一英雄刚在南海点燃销烟的烈火，就被发往新疆接受朝廷给他的处罚。功与罪在瞬间便交织在一个人身上，将其扭曲再造，像原子裂变一样，产生出一个意想不到的结果。

林则徐那篇著名的奏折，指出若再任鸦片泛滥，几十年后中原将“无可以御敌之兵”“无可以充饷之银”，狠狠地击中了道光皇帝的私心。他感到天下难保，所以就鞭打快牛，顺手给了林则徐一个禁烟钦差。林则徐眼见国危民弱，就出以公心，勇赴重任，表示“若鸦片一日未绝，本大臣一日不回，誓与此事相始终”。他太天真，不知道自己“回不回”，鸦片“绝不绝”，不是他说了算，还得听皇上的。果然他上任只有一年半，1840年9月，就被革职贬到镇海。第二年7月又被再“从重发往伊犁效力赎罪”。就在林则徐赴疆就罪的途中，黄河泛滥，他被派赴黄河戴罪治水。半年后治水完毕，所有的人都论功行赏，唯独他得到的却是“仍往伊犁”的谕旨。

自从林则徐开始西行就罪，随着离朝廷渐行渐远，朝中那股阴冷之气也就渐趋淡弱，而民间和中下层官吏对他的热情却渐渐高涨。

林则徐在广东和镇海被革职时，当地群众就表达出了强烈的愤懑。他们不管皇帝老子怎样说，怎样做，纷纷到林则徐的住处慰问，人数之众，阻塞了街巷。他们为林则徐送靴、送伞，送香炉、明镜，还送来了52面颂牌，痛痛快快地表达着自己对民族英雄的敬仰和对朝廷的抗议。林则徐治河之后又一次遭贬，中原立即发起援救高潮，开封知府邹鸣鹤公开宣示：“有人能救林则徐者酬万金。”林则徐自中原出发后，一路西行，接受着为英雄壮行的洗礼。不论是各级官吏还是普通百姓都争着迎送，都想尽力为他做一点事，以减轻他心理和

功过是非，自在人心。群众的举动体现了人们对林则徐的拥戴。

身体上的痛苦。山高皇帝远，民心任表达。1842年8月21日，林离开西安，“自将军、院、司、道、府以及州、县、营员送于郊外者三十余人”。抵兰州时，督抚亲率文职官员出城相迎，武官更是迎出十里之外。过甘肃古浪县时，县知事到离县31里外的驿站恭迎。林则徐西行的沿途茶食住行都被安排得无微不至。进入新疆哈密，办事大臣率文武官员到行馆拜见林，又送坐骑一匹。到乌鲁木齐，地方官员不但热情接待，还专门为他雇了大车五辆、太平车一辆、轿车两辆。1842年12月11日，经过四个月零三天的长途跋涉，林则徐终于到达新疆伊犁。伊犁将军布彦泰立即亲到寓所拜访，送菜、送茶，并委派他掌管粮饷。这哪里是监管朝廷流放的罪臣啊，简直是欢迎凯旋的英雄。林则徐是被皇帝远远甩出去的一块破砖头，但这块破砖头还未落地就被中下层官吏和民众轻轻接住，并以身相护，安放在他们中间。

从这一段中，你能读出什么？思考这一段的作用。

他没有一点私欲，不必向任何人低头，为了自己抱定的主义，他能容得下一切不公平。他选择了上对苍天，下对百姓，我行我志，不改初衷，为国尽力。

林则徐看到这里荒地遍野，便向伊犁将军建议屯田固边，先协助将军开垦城边的20万亩荒地。垦荒必先兴水利，但这里向无治水习惯与经验，林带头示范，捐出自己的私银，承修了一段河渠。这被后人称为“林公渠”的工程，一直使用了123年，直到1967年新渠建成才得以退役。就像当年韩愈发配南海之滨带去中原先进耕作技术一样，林则徐也将内地的水利种植技术推广到清王朝最西北的边陲。他还发现并研究了当地人创造的特殊水利工程“坎儿井”，并大力推广。皇帝本是要用边地的恶劣环境折磨他，用寂寞和孤闷折杀他，他却在这亘古荒原上爆出一声惊雷！

“惊雷”一词生动形象地写出了林则徐的巨大影响力。想一想，在文中具体表现在哪些方面？

林则徐在北疆伊犁修渠垦荒卓有成效，但就像当年治好黄河一样，皇帝仍不饶他，又派他到南疆去勘察荒地。南疆沙海无垠，天气燥热，人烟稀少，语言不通。这无疑又是对林则徐的一场更大更苦的折磨。但是他忍了，他不计较，只要能工作，能为国出力就行。整整一年，他为清政府新增69万亩耕地，极大地丰盈了府库，巩固了边防。这真是一个“非分”之举，他以罪臣之名，而行忠臣之事。

林则徐还有一件更加“分外”的事，就是大胆进行了一次“土地改革”。当勘地工作将结束，返回哈密时，路遇百余官绅商民跪地不起，拦轿告状。原来这里山高皇帝远，哈密土王将辖区所有土地及煤矿、山林、瓜园、菜圃等皆霸为己有。当地群众无寸土可耕，就是驻军修营房拉一车土也要交几十文钱，百姓埋一个死人也要交银数两。土王大肆截留国家税收，数十年间如此横行竟无人敢管。林则徐接状后勃然大怒，“此咽喉要地，实边防最重之区，无田无粮，几成化外”，立判将土王占一万多亩耕地分给当地农民耕种，并张出布告：“新疆与内地均在皇舆一统之内，无寸土可以自私；……无一处可以异视。必须互相和睦，畛域无分。”为防有变，他还将此布告刻制成碑，“立于城关大道之旁，俾众目共瞻，永昭遵守”。布告一出，各族人民奔走相告，不但有了生计，且民族和睦，边防巩固。他这是以罪臣之身又多管了“闲事”啊！

林则徐管的真的是“闲事”吗？说说你的理解。

一百多年后，我又来细细寻觅林公的踪迹。当年的惠远城早已毁于沙俄的入侵，在惠远城里我提出一定要谒拜一下当年先生住的城南东二巷故居。陪同人员说，原城已无存，现在这个城是1882年，比原城后撤了7公里重建的。这没有关系，我追寻的是那颗闪耀在中国近代史上空的民族魂。夕阳下沉重的黄土划开浩浩绿海，如一条大堤直伸到天际。我感到林公的魂灵充盈天地，贯穿古今。

林则徐不畏强权、锐意改革、勤政为民的形象跃然纸上。

林则徐是皇家钦定的、中国古代最后一位罪臣，又是百姓托举出来的、近代史开篇的第一位功臣。

（有删改）

学习提示

林则徐升任两广总督后，曾在总督府衙题写了这样一联："海纳百川，有容乃大；壁立千仞，无欲则刚。"此联告诫人们：只有拥有大海一样宽广的胸襟，才能成就一番事业；只有像大山那样刚正不阿，才能达到壁立千仞的境界。林则徐这样说了，也这样做了，他也是"口的巨人，行的高标"！

"功"与"罪"的交织让他一生命运坎坷，颠沛流离，被发配流放过多次，这是他所处时代使然，可他却说："苟利国家生死以，岂因祸福避趋之？"你如何评价他的人生选择？

1. 章太炎

⊙张中行

提起章太炎先生，我总是先想到他的怪，而不是先想到他的学问。多种怪之中，最突出的是“自知”与“他知”的迥然不同。这种情况也是古已有之，比如明朝的徐文长，提起青藤山人[①]的画，几乎无人不知，无人不爱，可是他自己评论，却是字（书法）第一，诗第二，画第三。这就难免使人生疑。章太炎先生就更甚，说自己最高的是医道，这不只使人生疑，简直使人发笑了。

发笑也许应该算失礼，因为太炎先生生于清同治八年（1869年），按行辈是我的“老”老师的老师。老师前面加“老”，需要略加说明：简单说是还有年轻的一代，譬如马幼渔、钱玄同、吴检斋等先生都是章太炎先生的学生，我上学听讲的时候他们都已五十开外，而也在讲课的俞平伯、魏建功、朱光潜等先生则不过三十多岁。“老”老师之师，我不能及门是自然的，不必说有什么遗憾。不过对于他的为人，我还是有所知的，这都是由文字中来。这文字，有

① 青藤山人：明朝文学家、书画家徐渭的号，这里应该是“青藤道士”。

不少是他自己写的，就是收在《章氏丛书》中的那些；也有不少是别人写的，其赫赫者如鲁迅先生所记，琐细者如新闻记者所写。总的印象是：学问方面，深、奇；为人方面，正、强（读“绛”）。学问精深，为人有正气，这是大醇。治学好奇，少数地方有意钻牛角尖，如著文好用奇僻字，回避甲骨文之类；脾气犟，有时近于迂，搞政治有时就难免轻信，这是小疵。

一眚[①]难掩大德，舍末逐本，对于太炎先生，我当然是很钦佩的。上天不负苦心人，是1932年吧，他来北京，曾在北京大学研究所国学门讲《广论语骈枝》（清刘台拱曾著《论语骈枝》），不记得为什么，我没有去听。据说那是过于专门的，有如阳春白雪，和者自然不能多。幸而终于要唱一次下里巴人，公开讲演。地点是北河沿北京大学第三院风雨操场，就是“五四”时期囚禁学生的那个地方。我去听，因为是讲世事，谈己见，可以容几百人的会场，坐满了，不能捷足先登的只好站在窗外。老人满头白发，穿绸长衫，由弟子马幼渔、钱玄同、吴检斋等五六个人围绕着登上讲台。太炎先生个子不高，双目有神，向下望一望就讲起来。满口浙江余杭的家乡话，估计大多数人听不懂，由刘半农任翻译；常引经据典，由钱玄同用粉笔写在背后的黑板上。说话不改老脾气，诙谐而兼怒骂。现在只记得最后一句是：“也应该注意防范，不要赶走了秦桧，迎来石敬瑭啊！”其时是“九一八”以后不久，大局步步退让的时候。话虽然以诙谐出之，意思却是沉痛的，所以听者都带着愤

① 眚（shěng）：过错。

慨的心情目送老人走出去。

此后没有几年，太炎先生逝世了（1936年）。他没有看见“七七”事变，更没有看见强敌的失败，应该说是怀着愤激和忧虑离开人间了。转眼将近半个世纪过去，有一天我去魏建功先生书房，看见书桌对面挂着一张字条，笔画苍劲，笔笔入纸，功力之深近于宋朝李西台（建中），只是倔强而不流利。看下款，章炳麟，原来是太炎先生所写，真可谓字如其人了。不久，不幸魏先生也因为小病想根除，手术后恶化，突然作古，我再看太炎先生手迹的机缘也不再有了。

《九章算术》的成就

《九章算术》是中国古代数学专著，“算经十书”之一。该书主要内容在先秦已具备，秦火中散坏，后经西汉张苍、耿寿昌先后增补整理，是几代人共同劳动的结晶，它的出现标志着中国古代数学体系的形成。

《九章算术》的数学成就主要体现在以下方面：首次提出了分数的概念；提出了整套的比例理论；介绍了开平方、开立方的方法；提出了线性方程组解法，相当于现在的矩阵；使用了正负数加减法则；提出了勾股定理、解勾股形及简单测量问题；提出了各种多边形、圆、弓形等的面积公式；等等。

2. 梅贻琦的操守

⊙游宇明

20世纪上半叶，清华大学的学生运动特别活跃，学生们经常干的一个活就是驱赶校长，清华大学的校长因此当得很狼狈。然而，梅贻琦在清华做了 17 年校长（1931—1948），任何时期，清华学生喊出的口号都是“拥护梅校长”。1962 年，梅贻琦在台湾去世，大家把他安葬在他亲自创办的清华原子能研究所（后改称新竹清华大学），他的墓地被称为梅园，一年一度，新竹清华人都会举行盛大的祭“梅”活动，以纪念这位杰出的教育家。

梅贻琦受到清华师生如此崇敬，当然与他确立的“教授治校”的清华传统有关。在清华，做一个好教授永远是最神气的。梅贻琦说过：“所谓大学者，非谓有大楼之谓也，有大师之谓也。”他还说：“我这个大学校长是帮教授搬凳子的。”不过，有一点，我们绝对不可以忽视，梅贻琦之所以影响巨大，也由于他崇高的道德操守，这种操守已经抵达圣人的境界。

作为深受西方文化影响的知识分子，梅贻琦有着极强的规则意识。1938年，奉国民政府教育部的命令，清华大学与北京大学、南开大学合并成立西南联合大学，迁往昆明，当时的云南省政府主席龙云在人财物等方面给了西南联大最大的支持。有一天，龙云特地来拜访梅贻琦，说孩子没有考取联大附中，请求破例录取。梅贻琦留龙云吃饭，并请联大教务长潘光旦作陪。席间，梅贻琦先生请潘光旦派老师晚上辅导龙云的孩子，等明年再考，并且言明老师的家教费得由龙云自己支付。对别人坚守规矩，对自己的子侄更不例外。 当年，梅贻琦的侄子梅祖武、小女儿梅祖芬都报考过清华大学， 因为成绩不合格，一个去了北洋大学北京分部（即后来的北京大学工学院），一个去了燕京大学。梅贻琦做了那么多年的清华大学校长，没有凭个人关系录取过一个“自己人”，他曾嘱咐秘书和有关招生的老师，凡要求破例录取的信件，不必转给他本人，一律按规定办事。

梅贻琦特别廉洁，首先是使用公款非常节省。刘宜庆编著的《绝代风流》一书介绍：抗战之初，梅贻琦刚到昆明，就退掉司机，将个人使用的小汽车拿来公用。 他外出有公务，近则步行，远则搭蒋梦麟或别人的车。1941年7月，梅贻琦、郑天挺、罗常培在成都准备转重庆回昆明，梅贻琦联系到了飞机票，此时恰好有个乘邮政汽车的机会，想到乘邮政汽车可以给公家节约两百多元，梅贻琦毫不犹豫地退掉了飞机票。

梅贻琦非常鄙夷化公为私的行为，宁可委屈自己，也决不占公家半点便宜。20世纪30年代初，梅贻琦刚出任清华大学校长，就主动放弃前任校长享受的免交电话费、免费雇佣家庭帮工、免费拉两吨煤等几项“特权”。1939年以后，昆明物价飞涨，师生基本生活极难维持，梅贻琦向国民政府教育部申请了一些补助金，有给老师的，有给学生的。梅贻琦的四个子女都在联大读书，他却不让妻子领取补助金。其实，梅贻琦一家也过得非常清苦，他一个月的工资只能维持一家人半个月的生活，妻子不得不做些糕点寄卖以补家用。1942年，美国驻华大使特别助理费正清来昆明，拜访联大的金岳霖、张奚若、钱端升等人，梅贻琦请其吃饭，本来完全可以用公款报销，他却为费正清举办家宴，一顿饭花了不下1000元，而他当时的月薪不足600元。1962年，梅贻琦在台湾去世，旁边的人打开他病中一直携带的一个箱子，里面全是清华基金的数目，一笔一笔，分毫不爽。

梅贻琦与其他校长的区别既体现在见识上，更体现在个人操守上。

3. 万世师表（节选）

⊙熊　浩

陶行知，安徽歙县人，1891年出生，1946年逝世。他先后在南京汇文书院、金陵大学、美国伊利诺伊大学和哥伦比亚大学求学，主修教育。陶行知1917年回国，先后在曾经的南京高等师范学校和东南大学任教。1917年，一个成功的中国知识分子留学回国了，他那个时候并没有梦想着享受成功，而是要重新定义何谓成功，他要让自己和祖国重新建立关联。

1917年，先生目之所及之中华面目疮痍，国家贫困到难以想象的程度。陶行知说这病根乃在教育。中国那时候有2亿文盲，有7000万儿童没有任何机会接受教育。那时候的陶行知，以他之所知，本可以转身而为人上之人；那时的陶行知，以他之所学，本可以谈笑于鸿儒之间，而他却把目光死死盯住中国的最底层社会。陶行知振聋发聩地说，这个国家以农立国，人们十之八九生活在乡下，所以中国的教育就是到农村去的教育，就是到乡下去的教育，如果农村没有改观，国家就没有希望。

他这么说，然后就这么做。陶行知脱下西装，放弃自己大学教授的优渥待遇，推行平民教育。这是什么概念呢？陶行知在当时一个月的收入是400块现大洋，那个时候若在北京要想买整一套四合院，不过花费他三个月的薪水。而这一切，陶行知统统不要了。他移居到南京郊外的晓庄，这是一个极为落后贫困的中国普通村落，他住到牛棚当中。他和老乡们相识，他渐渐有一个看上去不可能实现的愿望，那就是为中国培养100万农村教师。

在晓庄，陶行知带领学生们自己耕作，自己劳动，自己修建校舍。他说，流自己的汗，才能吃自己的饭，自己的事你得自己干。陶行知不是要培养高高在上的知识分子，而是那些在人民之中的老师。他邀请自己的朋友、学者到晓庄授课，传播新的知识和观念。渐渐地，这个在晓庄极不起眼的大学堂，从几十人发展到数百人。陶行知行走在世俗乡里之间，行走在街谈巷议之内，他要帮助那些最普通的中国人：那些年迈的爷爷奶奶，那些富人家里的用人，那些财主家的帮工，那些街头的打杂者，那些货场的脚力，那些拉洋包车的师傅们，都识字。

他一个人在努力着，他的这个梦想的芽破土而出，我们眼见繁花就要开到树上。是的，有陶行知所在的地方，就有平民教育的希望。在武汉，在重庆，在上海，在南京，他为中国教育的崛起一直在路上奔波，而最后先生死在路上。

1946年7月25日，陶行知因积劳成疾，突发脑出血在上海逝世，那年他55岁。1946年12月1日，先生的灵柩回到南京，南京城里的老百姓自发为先生扶灵。他们要送这个人，送他回他的晓庄。沿路的人们唱着哭着：你去了，我们穷孩子的保姆，我们的朋友，人民的导师。挽联在飘，上面写着“行知先生千古”，旁边则是宋庆龄亲笔题写的四个苍劲大字——“万世师表”。

我们今天讨论陶行知，我们今天演说陶行知，我们今天缅怀陶行知，便是想从先生那里借来那浩然之气，让它如火，让它如光，让它重新照亮每一个为师者心中那种知行合一的实践精神以及对祖国的赤诚热爱。

负数的使用

我国古代的数学家很早就引入了负数的概念，秦、汉时期的算经《九章算术》最早提出了正负数加减法的运算法则。

在国外，负数出现得很晚，直到公元7世纪，印度人才使用负数。

4. 望日莲[①]

⊙张　静

在温哥华，叶嘉莹先生每日的早餐就是两片面包、一碗豆浆煮麦片。即使是吃这两口饭，叶先生也往往会打开电脑，一边读邮件一边囫囵吞枣地仓促吃完。只要UBC（不列颠哥伦比亚大学）的亚洲图书馆开放，她都会到那里去查资料、写作和研究，风雨无阻。除了午间到亚洲系的休息室用自带的午餐外，叶先生要在图书馆一直待到关门才离开。叶先生的午餐是自做的三明治、蔬菜沙拉、煮蛋和水果。所谓“三明治”不过是两片面包，一片涂上果酱，一片涂上花生酱，中间夹片火腿而已；所谓“沙拉”不过是将西芹、苦瓜、彩椒、西蓝花等蔬菜切丁后用开水烫一下，并不添加任何的佐料或沙拉酱。晚上回家，叶先生通常是煮面，因为煮面条最省事：水烧开了，放些青菜、豆腐，偶尔放一块烤鸡肉或半条鱼进去，然后面条一煮就可以了。

叶先生常说：“怎么省事怎么来，吃什么都无所谓，填饱肚子

① 原文发表于《传记文学》2017 年第 9 期，收入本书时有删改。作者张静，南开大学中华古典文化研究所副所长、教授，师从叶嘉莹先生。

而已。”晚餐时刻大概是叶先生一天中最轻松的时分，边吃饭边浏览报纸，叶先生最喜欢翻阅的栏目是时事新闻和文艺副刊，遇到关心的话题或精彩的文章，叶先生常常会轻声诵读。晚饭后，叶先生要处理邮件，遍布全球的叶门弟子及朋友们有的会传来风景照片，有的会传些有趣的视频链接，有的请叶先生写评鉴材料，有的请叶先生批阅最近的论文，有的汇报工作，有的倾诉衷肠……总之，叶先生只要血压平稳，就会一一回复。待叶先生要洗漱做操时往往已至午夜时分，她上床休息更要迟至凌晨一两点钟，日日如此。

叶先生惜时如金。基本上所有的会谈，她都安排在午间UBC亚洲系的休息室，一边吃自带的午餐，一边与这些来自各地的学生、拜访者、记者等聊天。用餐完毕，叶先生即刻上楼到自己的“斗室”继续用功。“斗室”其实是UBC亚洲图书馆提供给研究者们使用的小房间，仅能容下一张台子、一把椅子而已。三面墙上分别钉有书架、黑板和木板。叶先生房间内台子上端的书架上堆满了她手写的文稿、复印的资料，台子左侧的书架上则是她正在阅读使用的书籍文献，台子右侧的木板上订了一张张的小纸条，上面蝇头小字密密麻麻地记录着叶先生曾经查阅的资料条目，木板旁的黑板上叶先生用粉笔做备忘录。UBC亚洲图书馆二层内共设有11 个这样的小房间，我也申请到一间，就在叶先生“斗室”的隔壁，叶先生的房间号码为“XX”，我的房间号码则为“YY”。使用者可在卡片上写下自己的名字，将卡片插入房号下的透明格内，表示此室有主。除了偶尔见到有人在“斗室”用一两个钟头的功外，其他9间斗室绝大多数时间都空着。因为

"斗室"设在二楼，而烧开水的休息间是在地下一层，叶先生说先前没有我陪伴的日子，她自己在图书馆就从不打水喝，一来节约时间，二来也省去了上洗手间的麻烦。

每天我随叶先生离开图书馆的时候，工作人员就起身取钥匙准备锁门。叶先生俨然已经成为这里的一道风景！

除了到图书馆，叶先生在温哥华每年暑期还会利用周末应华人社团（如温哥华中华文化中心、加拿大华裔作家协会等）的邀请举办大型的系列讲座。听众中有年逾古稀的老者，也有读幼儿园的孩童；有来自中国、新加坡等国家在温哥华访学的学者，也有温哥华本地的华裔作家、艺术家。叶先生每年暑期在温哥华的演讲也已成为当地华人文化艺术界的一桩盛事。

叶先生的意志力十分强大。2014年7月下旬，叶先生在家中收拾回国装箱的资料书籍时，不慎摔倒，腰部扭伤。几天后，UBC大学为叶先生举办九十华诞的庆祝会，叶先生依然坚持站着用英文发表了半个多小时的讲话。第二天伤痛加剧，以至于每次下床都十分艰困。我虽然就住在她卧房的隔壁，但叶先生从不喊我协助，每次下床都坚持自己在床上挣扎盘旋良久。我禁不住跟叶先生提"意见"："人家都说'养兵千日，用兵一时'，您为什么还这般客气？"叶先生却说："我们整日形影不离，我每天都在用你啊！但我自己能做的事情还是要自己做。"

2015年6月，我随叶嘉莹先生一同乘机从北京飞往温哥华，在机场候机的时候，叶先生说出发前刚刚收到曾庆雨同学的电子邮件，她将叶先生的两句词“对酒已拼沉醉，看花直到飘零”（《破阵子》）作为下联，补了一个上联“无由可驻芳菲，有愿难回既往”，行前匆促，虽未及回复，但已将此电子邮件转发给诸位弟子。在飞机上，我也拟了个上联：“说诗具足菩提，传法自持证悟。”没想到甫抵云城，收到电子邮件的施淑仪老师也已对出了上联：“经霜无惧凄凉，历劫常存弱德”，转日又收到了安易老师从南开大学传来的上联：“读书岂笑清贫，涉世不闻黜陟。”叶先生给出的批语是：“每个人与我接触不同，感受不一，各有切入。”

那一年的端午节，叶先生买了粽子请施淑仪老师和我一起午餐分享。施老师无意间提到叶先生家请的园丁今年帮叶先生在院子里种了Zucchini（意大利瓜）。餐后我们一起到院中观赏，看到Zucchini 开的黄花十分美丽，叶先生随口即诵：“瘦地翻宜粟，阳坡可种瓜”（杜甫《秦州杂诗二十首》其十三）和“幸结白花了，宁辞青蔓除”（杜甫《除架》）。

叶先生接着评论说，前者是杜甫的生活实践，后者是诗人的生命感悟。一个人一生中尽了自己的心力，做了事情，应该无憾。杜甫的《除架》确实写得好，真是有感慨：

束薪已零落，瓠叶转萧疏。
幸结白花了，宁辞青蔓除。
秋虫声不去，暮雀意何如？
寒事今牢落，人生亦有初。

末句的“人生亦有初”，出自《诗经·大雅·荡》“靡不有初，鲜克有终”，每一个人都有一个开始，但最终能够完成的却很少。如果像这架瓠瓜一样，开了白花、结出果实，那最终被人铲除的时候也就不留遗憾了。但天下又有多少人坚持到生命的最后完成了自己呢?

好一个“人生亦有初”！

2016年7月初，我趁暑假又去了温哥华几日，其间特意到叶先生crown street的旧居去，发现房屋已被印度的开发商拆除，变成四周被铁丝网围起来的一大片空地，仿佛什么都没有留下痕迹。我不甘心，又奔至后巷，依旧向铁丝网内寻觅。奇迹出现了——在这片除了几株杂草外几乎空无一物的空地上，竟然静静地矗立着一株向日葵在向我迎面盛开。

我仔细地目测它与我的距离以便确定它的位置……没错！居然就是叶先生当年卧房放置床头的地方！

回津后，我激动地取出照片请叶先生看，叶先生也认定这株向日葵确实是长在当年自己的床头的位置，纳闷儿地说：“你是知道的，我从来不嗑瓜子儿啊，更不会把瓜子儿带到卧室里啊！”

当时正好同门曾庆雨也在场，她默默地在旁边说了一句：“在我们老家河北廊坊一带，向日葵也叫望日莲。”

单元学习任务

任务一

漠漠北疆，广大乡村，顶尖学府……无论此生在何处，此心何往，先生之风，山高水长。追怀先辈的事迹，领略他们的学养襟怀和风骨，可以使我们品德高尚、胸怀广阔。请仔细品味本单元文章，寻找感动你的细节，体会先辈的人格魅力，为你感兴趣的人物制作卡片。

·人物：	·人物：	·人物：
·细节： ·魅力：	·细节： ·魅力：	·细节： ·魅力：

任务二

先秦时，孟子提出过“知人论世”的观点。其实，不仅是欣赏文学作品需要关注其创作背景，我们想要真正了解一个人的作为、品格，也要把他放到特定的时代中去考察。我国的近现代历史风云变幻，名家辈出。本单元涉及的人物，他们或是名臣，或是著名学者、教育家……他们当中的很多人之所以被人们铭记，既有个人的原因，也有时代因素。请同学们小组合作，利用图书或网络资源，探究你们感兴趣的人物的成功因素，并在班级内交流。

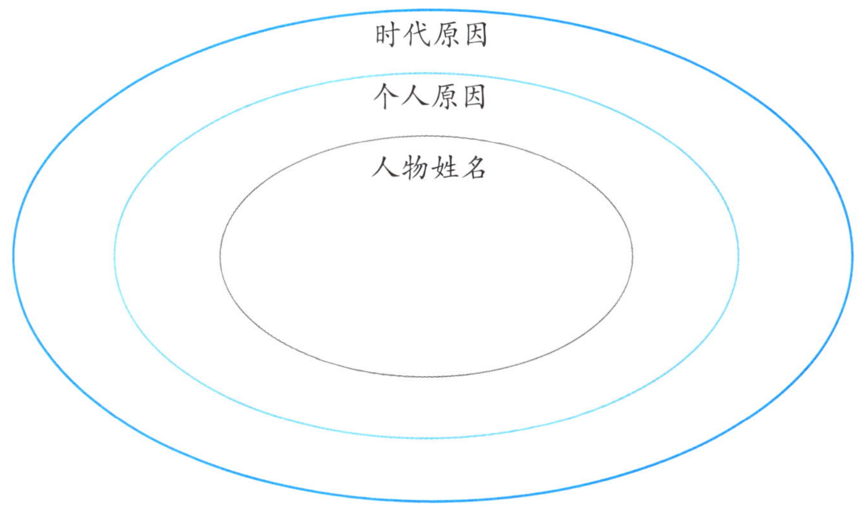

任务三

复兴中学要举行“历史星空最美栋梁之材”评选活动，如果你们所在的小组就是评委会，你们评选人物的标准是什么？比如，可以从人物的贡献、成就、精神、品格等方面进行评价。我们可以设计这样一个“评选人物六面体”（如下图），也可以自主制定评选标准。评选对象可以是本单元所涉及的人物，也可以是你们自主推荐的人物。

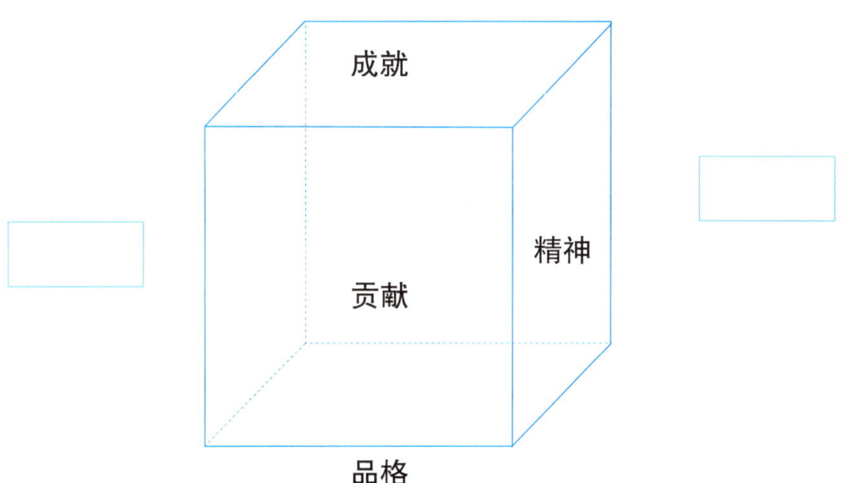

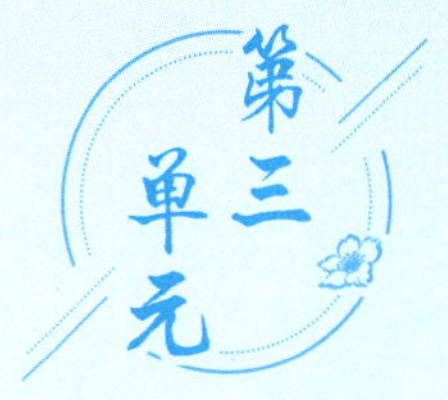

魅力师友

他们是会思想的芦苇，是绝岸上的援手，他们不但告诉我们风朝哪个方向吹，河朝哪个方向流，还引领我们的思想，点燃我们的梦想。这些德高品懿的学者，或是“循循然善诱人，博我以文，约我以礼”的师长，或是冠绝中外的文学家、艺术家，无一不有着高贵的灵魂。了解这些人物的经历与成就，我们可以感受他们的人格魅力、崇高品行，学习他们的治学方法，努力让自己也成为一个有魅力的“人”。

阅读本单元文章，要在整体把握的基础上，注意抓住关键语句和段落，以精读、细读的方式，字斟句酌，分析其深刻含意或在结构上的重要作用。通过反复揣摩与感悟文章的语言特点、人文内涵，把握人物形象特征及塑造方法，理解作者的情感。

1. 鲁迅先生记

⊙萧　红

鲁迅先生家里的花瓶，好像画上所见的西洋女子用以取水的瓶子，灰蓝色，有点从瓷釉而自然堆起的纹痕，瓶口的两边，还有两个瓶耳，瓶里种的是几棵万年青。

我第一次看到这花的时候，我就问过："这叫什么名字？屋里不生火炉，也不冻死？"

第一次，走进鲁迅家里去，那是近黄昏的时节，而且是个冬天，所以那楼下室稍微有一点暗，同时鲁迅先生的纸烟，当它离开嘴边而停在桌角的地方，那烟纹的卷痕一直升腾到他有一些白丝的发梢那么高。而且再升腾就看不见了。

"这花，叫'万年青'，永久这样！"他在花瓶旁边的烟灰盒中，抖掉了纸烟上的灰烬，那红的烟火，就越红了，好像一朵小红花似的和他的袖口相距离着。

"这花不怕冻？"以后，我又问过，记不得是在什么时候了。

许先生说："不怕的，最耐久！"而且她还拿着瓶口给我摇着。

我还看到了那花瓶的底边是一些圆石子，以后，因为熟识了的缘故，我就自己动手看过一两次，又加上这花瓶是常常摆在客厅的黑色长桌上；又加上自己是来自寒冷的北方，对于这在四季里都不凋零的植物，总带着一点惊奇。

而现在这“万年青”依旧活着，每次到许先生家去，看到那花，有时仍站在那黑色的长桌子上，有时站在鲁迅先生相片的前面。

花瓶是换了，用一个玻璃瓶装着，看得到淡黄色的须根，站在瓶底。

有时候许先生一面和我们谈论着，一面检查着房中所有的花草。看一看叶子是不是黄了？该剪掉的剪掉，该洒水的洒水，因为不停地动作是她的习惯。有时候就检查着这“万年青”，有时候就谈鲁迅先生，就在他的相片前面谈着，但那感觉，却像谈着古人那么悠远了。

至于那花瓶呢？站在墓地的青草上面去了，而且瓶底已经丢失，虽然丢失了也就让它空空地站在墓边。我所看到的是从春天一直站到秋天；它一直站到邻旁墓头的石榴树开了花而后结成了石榴。

从开炮以后，只有许先生绕道去过一次，别人就没有去过。当然那墓草是长得很高了，而且荒了，还说什么花瓶，恐怕鲁迅先生的瓷半身像也要被荒了的草埋没到他的胸口。

我们在这边，只能写纪念鲁迅先生的文章，而谁去努力剪齐墓上的荒草？我们是越去越远了，但无论多么远，那荒草是总要记在心上的。

1938年

2. 琐　忆

⊙唐　弢

鲁迅先生有两句诗："横眉冷对千夫指，俯首甘为孺子牛。"这是他自己的写照，也是他作为一个伟大作家的全部人格的体现。当我还不曾和他相识的时候，时常听到有人议论他："鲁迅多疑。"有些人还绘声绘色，说他如何世故，如何脾气大，爱骂人，如何睚眦必报。总之，鲁迅是不容易接近的，还是不去和他接近好。中国有句成语，叫作"众口铄金"，意在说明舆论的力量。好话使人增光，反过来，伪造的"众口"也可以吐出污泥，将真相埋没。我于是相信了，不敢去接近他。不过也有过一个时期，很想见见鲁迅先生。一九三三年至一九三四年之间，鲁迅先生经常在《申报》副刊《自由谈》上写稿，攻击时弊，为了避免反动派的检查，他不断更换笔名。我当时初学写作，也在这个副刊上投稿，偶尔写些同类性质的文章。我的名字在文艺界是陌生的，由于产量不多，《自由谈》以外又不常见，那些"看文章专用嗅觉"的人，就疑神疑鬼，妄加揣测起来，以为这又是鲁迅的化名。他们把我写的文章，全都记在鲁迅先生的名下，并且施展巴儿狗的伎俩，指桑骂槐，向鲁迅先生“呜呜不已”。自己做的事情怎么能让别人去承担责任呢？我觉得十分内疚，很想当面致个歉意，但又害怕鲁迅先生会责备我，颇有点惴惴不安。正当想见而又不敢去见的时候，由于一个偶然的机缘，我却不期而遇地晤见了鲁迅先生，互通姓名之后，鲁迅先生接着说：

“唐先生写文章，我替你在挨骂哩。”

一切都在意料之中，一切又都出于意料之外。我立刻紧张起来，暗地里想：这回可要挨他几下了。心里一急，嘴里越是结结巴巴。鲁迅先生看出我的窘态，连忙掉转话头，亲切地问：

“你真个姓唐吗？”

“真个姓唐。”我说。

“哦，哦，”他看定我，似乎十分高兴，“我也姓过一回唐的。”

说着，就呵呵地笑了起来。

我先是一怔，接着便明白过来了：这指的是他曾经使用“唐俟”这笔名，他是的确姓过一回唐的。于是，我也笑了起来。半晌疑云，不，很久以来在我心头积集起来的疑云，一下子，全都消尽散绝了。

从那一次和以后多次的交谈中，鲁迅先生给我的印象始终是：平易近人。他留着浓黑的胡须，目光深沉，满头是倔强得一簇簇直竖起来的头发，仿佛处处在告白他对现实社会的不调和。然而这并不妨碍他的平易近人，“能憎，才能爱”。或者倒可以说，恰恰是由于这一点，反而更加显得他的平易近人了吧。和许多伟大的人物一样，平易近人正是鲁迅先生思想成熟的一个重要的标志。

对待青年，对待在思想战线上一起作战的人，鲁迅先生是亲切的，热情的，一直保持着平等待人的态度。他和青年们谈话的时候，不爱使用教训的口吻，从来不说“你应该这样”“你不应该那样”一类的话。他以自己的行动，以有趣的比喻和生动的故事，做出形象的暗示，让人体会到应该这样，不应该那样！有些青年不懂得当时政治的腐败，光在文章里夸耀中国地大物博；看得多了，鲁迅先生叹息说：“倘是狮子，夸说怎样肥大是不妨事的，如果是一口猪或一匹羊，肥大倒不是好兆头。”有些青年一遇上夸夸其谈的学者，立刻便被吓倒，自惭浅薄；这种时候，鲁迅先生便又鼓励他们说：“一条小溪，明澈见底，即使浅吧，但是却浅得澄清，倘是烂泥塘，谁知道它到底是深是浅呢？也许还是浅点好。”记得在闲谈中，鲁迅先生还讲起一些他和青年交往的故事，至于自己怎样尽心竭力，克己为人，却绝口不提。他经常为青年们改稿，作序，介绍出书，资助金钱，甚至一些生活上琐碎的事情，也乐于代劳。有一次，我从别处听来一点掌故，据说在北京的时候，有个并不太熟的青年，靴子破了，跑到鲁迅先生住着的绍兴会馆，光着脚往床上一躺，却让鲁迅先生提着靴子上街，给他去找人修补。他睡了一觉醒来，还埋怨补得太慢，劳他久等呢。

“有这回事吗？”我见面时问他。

“呃，有这回事。”鲁迅先生说。

“这是为的什么呢？”

“进化论嘛！”鲁迅先生微笑着打趣说，“我懂得你的意思，你的舌头底下压着个结论：可怕的进化论思想。是不是？”

我笑了笑，没有承认也没有否认。

“进化论思想牵制过我，”鲁迅先生接下去说，“但也有过帮助。那个时候，它使我相信进步，相信未来，要求变革和战斗。这一点终归是好的。人的思想很复杂，要不然……你看，现在不是还有猴子吗？嗯，还有虫豸。我懂得青年也会变猴子，变虫豸，这是后来的事情。现在不再给人去补靴子了，不过我还是要多做些事情。只要我努力，他们变猴子和虫豸的机会总可以少一些，而且是应该少一些的。”

鲁迅先生沉默了，眼睛望着远处。

如果把这段话看作是他对“俯首甘为孺子牛”的解释，那么，“横眉冷对千夫指”呢？鲁迅先生对待敌人，对待变坏了的青年，是决不宽恕，也决不妥协的，也许这就是有些人觉得他不易接近的缘故吧。据我看来，“横眉冷对”是鲁迅先生一生不懈地斗争的精神实质，是他的思想立场的概括。就战斗风格而言，又自有其作为一个成熟了的思想战士的特点。他的气度，他的精神力量，在面对任何问题的时候，仿佛都有一种居高临下的优势：从容不迫，游刃有余。讽刺显示他进攻的威力，而幽默又闪烁着反击的智慧。对社会观察的深刻，往往使他的批判独抒新见，入木三分。鲁迅先生的后期杂文，几乎都是讽刺文学的典范，他的谈话，也往往表现了同样的风格。

日本占领东北以后，国民党政权依赖美国，宣传美国将出面主持“公道”，结果还是被人家扔弃了。当宣传正在大吹大擂地进行的时候，鲁迅先生为我们讲了个故事，他说：“我们乡下有个阔佬，许多人都想攀附他，甚至以和他谈过话为荣。一天，一个要饭的奔走告人，说是阔佬和他讲了话了。许多人围住他，追问究竟。他说：‘我站在门口，阔佬出来啦，他对我说：滚出去！’”听讲故事的人莫不大笑起来。还有一次，国民党的一个地方官僚禁止男女同学，男女同泳，闹得满城风雨。鲁迅先生幽默地说：“同学同泳，皮肉偶尔相碰，有碍男女大防。不过禁止以后，男女还是一同生活在天地中间，一同呼吸着天地中间的空气。空气从这个男人的鼻孔中呼出来，被那个女人的鼻孔吸进去，又从那个女人的鼻孔呼出来，被另一个男人的鼻孔吸进去，淆乱乾坤，实在比皮肉相碰还要坏。要彻底划清界限，不如再下一道命令，规定男女老幼，诸色人等，一律戴上防毒面具，既禁空气流通，又防抛头露面。这样，每个人都是……喏！喏！”我们已经笑不可抑了，鲁迅先生却又站起身来，模拟戴着防毒面具走路的样子。这些谈话常常引起我好几天沉思，好几次会心的微笑。我想，这固然是由于他采取了讽刺和幽默的形式，更重要的，还因为他揭开了矛盾，把我们的思想引导到事物内蕴的深度，暗示了他的非凡的观察力。

我又想起一件事情。我的第一本书，最初也是经鲁迅先生介绍给一家书店，而后又由另一家拿去出版了的。当时因为杂志上一篇《闲话皇帝》的文章，触犯了日本天皇，引出日本政府的抗议，国民党政权请罪道歉，慌作一团，检察官更是手忙脚乱，正在捧着饭碗发抖。书店把我的原稿送去审查，凡是涉及皇帝的地方，不管是中国的还是外国的——从秦始皇到溥仪，从恺撒大帝到路易十六，统统都给打上红杠子，删掉了。好几处还写着莫名其妙的批语。我一时气极，带着发还的原稿去见鲁迅先生，把这些地方指给他看。

“哦，皇帝免冠啦！”鲁迅先生说。

“您看，还给我加批呢。强不知以为知，见骆驼就说马肿背，我真不懂得他们为什么要讲这些昏话！”

“骗子的行当，”鲁迅先生说，“总要干得像个骗子呀。其实他们何尝不知道是骆驼，不过自己吃了《神异经》里说的‘讹兽’的肉，从此非说谎不可，这回又加上神经衰弱，自然就满嘴昏话了。”

鲁迅先生站起身，在屋子里踱了几步，转身扶住椅背，立定了。

“要是书店愿意的话，”他说，“我看倒可以连同批语一起印出去。过去有钦定书，现在来它一个官批集，也给后代看看，我们曾经活在什么样的世界里。”

“还要让它‘流芳’百世吗？”

“这是官批本，”鲁迅先生认真地说，“你就另外去印你自己的别集。快了！一个政权到了对外屈服，对内束手，只知道杀人、放火、禁书、掳钱的时候，离末日也就不远了。他们分明地感到：天下已经没有自己的份，现在是在毁别人的、烧别人的、杀别人的、抢别人的。越是凶，越是暴露了他们卑怯和失败的心理！”

听着鲁迅先生的谈话，昏沉沉的头脑清醒过来，我又觉得精神百倍了。在过去苦难的梦魇一样的日子里，鲁迅先生不止一次地给我以勇气和力量。他的深刻的思想时时散发出犀利的光彩。说话时态度镇静，亲切而又从容，使听的人心情舒畅，真个有“如坐春风”的感觉。“如坐春风”，唔，让人开怀令人奋发的春风啊！每当这种时候，我总是一面仔细地吟味着每句话的含义，一面默默地抑制着自己的感情。不然的话，我大概会呼喊起来。真的，站在鲁迅先生面前，我有好几次都想呼喊，我想大声呼喊：我爱生活！我爱一切正义和真理！

分数的运用

我国是世界上最早运用分数的国家，在《九章算术》中就有了系统的分数运算方法。

在《九章算术》中，讲到了约分、合分（分数加法）、减分（分数减法）、乘分（分数乘法）、除分（分数除法）的法则，与我们现在的分数运算法则完全相同。另外，《九章算术》还记载了课分（比较分数大小）、平分（求分数的平均值）等知识，是世界上最早系统叙述分数的著作。

3. 忆刘半农君

⊙鲁　迅

这是小峰出给我的一个题目。

这题目并不出得过分。半农去世，我是应该哀悼的，因为他也是我的老朋友。但是，这是十来年前的话了，现在呢，可难说得很。

我已经忘记了怎么和他初次会面，以及他怎么能到了北京。他到北京，恐怕是在《新青年》投稿之后，由蔡孑民先生或陈独秀先生去请来的，到了之后，当然更是《新青年》里的一个战士。他活泼，勇敢，很打了几次大仗。譬如罢，答王敬轩的双镄信，“她”字和“牠”字的创造，就都是的。这两件，现在看起来，自然是琐屑得很，但那是十多年前，单是提倡新式标点，就会有一大群人“若丧考妣”，恨不得“食肉寝皮”的时候，所以的确是“大仗”。现在的二十左右的青年，大约很少有人知道三十年前，单是剪下辫子就会坐牢或杀头的了。然而这曾经是事实。

但半农的活泼，有时颇近于草率，勇敢也有失之无谋的地方。但是，要商量袭击敌人的时候，他还是好伙伴，进行之际，心口并不相应，或者暗暗的给你一刀，他是决不会的。倘若失了算，那是因为没有算好的缘故。

《新青年》每出一期，就开一次编辑会，商定下一期的稿件。其时最惹我注意的是陈独秀和胡适之。假如将韬略比作一间仓库罢，独秀先生的是外面竖一面大旗，大书道："内皆武器，来者小心！"但那门却开着的，里面有几枝枪，几把刀，一目了然，用不着提防。适之先生的是紧紧的关着门，门上粘一条小纸条道："内无武器，请勿疑虑。"这自然可以是真的，但有些人——至少是我这样的人——有时总不免要侧着头想一想。半农却是令人不觉其有"武库"的一个人，所以我佩服陈、胡，却亲近半农。

所谓亲近，不过是多谈闲天，一多谈，就露出了缺点。几乎有一年多，他没有消失掉从上海带来的才子必有"红袖添香夜读书"的艳福的思想，好容易才给我们骂掉了。但他好像到处都这么的乱说，使有些"学者"皱眉。有时候，连到《新青年》投稿都被排斥。他很勇于写稿，但试去看旧报去，很有几期是没有他的。那些人们批评他的为人，是：浅。

不错，半农确是浅。但他的浅，却如一条清溪，澄澈见底，纵有多少沉渣和腐草，也不掩其大体的清。倘使装的是烂泥，一时就看不出它的深浅来了；如果是烂泥的深渊呢，那就更不如浅一点的好。

但这些背后的批评，大约是很伤了半农的心的，他的到法国留学，我疑心大半就为此。我最懒于通信，从此我们就疏远起来了。他回来时，我才知道他在外国钞古书，后来也要标点《何典》，我那时还以老朋友自居，在序文上说了几句老实话，事后，才知道半农颇不高兴了，“驷不及舌”，也没有法子。另外还有一回关于《语丝》的彼此心照的不快活。五六年前，曾在上海的宴会上见过一回面，那时候，我们几乎已经无话可谈了。

近几年，半农渐渐的据了要津，我也渐渐的更将他忘却；但从报章上看见他禁称“蜜斯”之类，却很起了反感：我以为这些事情是不必半农来做的。从去年来，又看见他不断的做打油诗，弄烂古文，回想先前的交情，也往往不免长叹。我想，假如见面，而我还以老朋友自居，不给一个“今天天气……哈哈哈”完事，那就也许会弄到冲突的罢。

不过，半农的忠厚，是还使我感动的。我前年曾到北平，后来有人通知我，半农是要来看我的，有谁恐吓了他一下，不敢来了。这使我很惭愧，因为我到北平后，实在未曾有过访问半农的心思。

现在他死去了，我对于他的感情，和他生时也并无变化。我爱十年前的半农，而憎恶他的近几年。这憎恶是朋友的憎恶，因为我希望他常是十年前的半农，他的为战士，即使“浅”罢，却于中国更为有益。我愿以愤火照出他的战绩，免使一群陷沙鬼将他先前的光荣和死尸一同拖入烂泥的深渊。

八月一日

4. 悼夏丏尊先生

⊙丰子恺

我从重庆郊外迁居城中，候船返沪。刚才迁到，接得夏丏尊老师逝世的消息。记得三年前，我从遵义迁重庆，临行时接得弘一法师圆寂的电报。我所敬爱的两位教师的最后消息，都在我行旅倥偬的时候传到。这两位老师同样的可敬可爱，昔年曾经给我同样宝贵的教诲。如今噩耗传来，也好比给我同样的最后训示。这使我感到分外的哀悼与警惕。

犹忆二十六年秋，“卢沟桥事变”之际，我从南京回杭州，中途在上海下车，到梧州路去看夏先生。先生满面忧愁，说一句话，叹一口气。我因为要乘当天的夜车返杭，匆匆告别。我说：“夏先生再见。”夏先生好像骂我一般愤然地答道：“不晓得能不能再见！”同时又用凝注的眼光，站立在门口目送我。我回头对他发笑。因为夏先生老是善愁，而我总是笑他多忧。岂知这一次正是我们的最后一面，果然这一别“不能再见”了！

夏先生之死，使“文坛少了一位老将”“青年失了一位导师”，这些话一定有许多人说，用不着我再讲，我现在只就我们的师弟情缘上表示哀悼之情。

犹忆三十余年前，我当学生的时候，李先生[①]教我们图画、音乐，夏先生教我们国文。……他教国文的时候，正是“五四”将近。我们做惯了“太王留别父老书”“黄花主人致无肠公子书”之类的文题之后，他突然叫我们做一篇“自述”，而且说：“不准讲空话，要老实写。”有一位同学，写他父亲客死他乡，他“星夜匍匐奔丧”。夏先生苦笑着问他：“你那天晚上真个是在地上爬去的？”引得大家发笑，那位同学脸孔绯红。又有一位同学发牢骚，赞隐遁，说要“乐琴书以消忧，抚孤松而盘桓”。夏先生厉声问他：“你为什么来考师范学校？”弄得那人无言可对。这样的教法，最初被顽固守旧的青年所反对。他们以为文章不用古典，不发牢骚，就不高雅。竟有人说：“他自己不会做古文（其实做得很好），所以不许学生做。”但这样的人，毕竟是少数。多数学生，对夏先生这种从来未有的、大胆的主张，觉得惊奇与折服，好似长梦猛醒，恍悟今是昨非。这正是“五四运动”的初步。

李先生做教师，以身作则，不多讲话，使学生衷心感动，自然诚服。譬如上课，他一定先到教室，把黑板上应写的，都先写好（用另一黑板遮住，用到的时候推开来），然后端坐在讲台上等学生到齐。譬如学生还琴时弹错了，他举目对你一看，但说：“下次再还。”有时他没有说，学生吃了他一眼，自己请求下次再还了。

---

① 指李叔同，前文提到的弘一法师。

他话很少，说时总是和颜悦色的。但学生非常怕他，敬爱他。夏先生则不然，毫无矜持，有话直说。学生便嬉皮笑脸，同他亲近。偶然走过校庭，看见年纪小的学生弄狗，他也要管："为啥同狗为难！"放假日子，学生出门，夏先生看见了便喊："早些回来，勿可吃酒啊！"学生笑着连说："不吃，不吃！"然后赶快走路。走得远了，夏先生还要大喊："钱少用些！"学生一方面笑他，一方面实在感激他、敬爱他。

夏先生与李先生对学生的态度，完全不同。而学生对他们的敬爱，则完全相同。这两位导师，如同父母一样。李先生的是"爸爸的教育"，夏先生的是"妈妈的教育"。夏先生后来翻译的《爱的教育》，风行国内，深入人心，甚至被取作国文教材。这不是偶然的事。

后来李先生做了和尚，芒鞋破钵，云游四方，和夏先生仿佛是两个世界的人。但在我觉得仍是以前的两位导师，不过所导的范围由学校扩大为人世罢了。李先生不是"走投无路，遁入空门"的，是为了人生根本问题而做和尚的。他是真正做和尚，他是痛感于众生疾苦而"行大丈夫事"的。夏先生虽然没有做和尚，但也是完全理解李先生的胸怀的。他是赞赏李先生的"行大丈夫事"的。只因种种尘缘的牵阻，使夏先生没有勇气"行大丈夫事"。夏先生一生的忧愁苦闷，由此发生。

凡熟识夏先生的人，没有一个不晓得夏先生是个多忧善愁的人。他看见世间的一切不快、不安、不真、不善、不美的状态，都要皱眉、叹气。他不但忧自家，又忧友、忧校、忧店、忧国、忧世。朋友中有人生病了，夏先生就皱着眉头替他担忧；有人失业了，夏先生又皱着眉头替他着急；有人吵架了，有人吃醉了，甚至朋友的太太要生产了，小孩子跌跤了……夏先生都要皱着眉头替他们忧愁。学校的问题，公司的问题，别人都当作例行公事处理的，夏先生却当作自家的问题，真心地担忧；国家的事，世界的事，别人当作历史小说看的，在夏先生都是切身问题，真心地忧愁、皱眉、叹气。故我和他共事的时候，对夏先生凡事都要讲得乐观些，有时竟瞒过他，免得使他增忧，他和李先生一样地痛感于众生的疾苦。但他不能和李先生一样“行大丈夫事”，他只能忧伤终老。

…………

以往我每逢写一篇文章，写完之后总要想：“不知这篇东西夏先生看了怎么说。”因为我的写文，是在夏先生的指导、鼓励之下学起来的。今天写完了这篇文章，我又本能地想：“不知这篇东西夏先生看了怎么说。”两行热泪，一齐沉重地落在这原稿纸上。

（有删改）

5. 敬悼许地山先生

⊙老　舍

地山是我的最好的朋友。以他的对种种学问好知喜问的态度，以他的对生活各方面感到的趣味，以他的对朋友的提携辅导的热诚，以他的对金钱利益的淡薄，他绝不像个短寿的人。每逢当我看见他的笑脸，握住他的柔软而戴着一个翡翠戒指的手，或听到他滔滔不断地讲说学问或故事的时候，我总会感到他必能活到八九十岁，而且相信若活到八九十岁，他必定还能像年轻的时候那样有说有笑，还能那样说干什么就干什么，永不驳回朋友的要求，或给朋友一点儿难堪。

地山竟自会死了——才将快到五十的边儿上吧。

他是我的好友。可是，我对于他的身世知道的并不十分详细。不错，他确是告诉过我许多关于他自己的事情；可是，大部分都被我忘掉了。一来是我的记性不好；二来是当我初次看见他的时候，我就觉得“这是个朋友”，不必细问他什么；即使他原来是个强盗，我也只看他可爱；我只知道面前是个可爱的人，就是一点儿也不晓得他的历史，也没有任何关系！况且，我还深信他会活到八九十岁呢。让他讲那些有趣的故事吧，让他说些对种种学术的心得与研究方法吧；至于他自己的历史，忙什么呢？等他老年的时候再说给我听，也还不迟啊！

可是，他已经死了！

我认识地山，是在二十年前了。那时候，我的工作不多，所以常到一个教会去帮忙，做些“社会服务”的事情。地山不但常到那里去，而且有时候住在那里，因此我认识了他。我呢，只是个中学毕业生，什么学识也没有。可是地山在那时候已经在燕大毕业而留校教书，大家都说他是个很有学问的青年。初一认识他，我几乎不敢希望能与他为友，他是有学问的人哪！可是，他有学问而没有架子，他爱说笑话，村的雅的都有；他同我去吃八个铜板十只的水饺，一边吃一边说，不一定说什么，但总说得有趣。我不再怕他了。虽然不晓得他有多大的学问，可是的确知道他是个极天真可爱的人了。一来二去，我试着步去问他一些书本上的事；我生怕他不肯告诉我，因为我知道有些学者是有这样脾气的：他可以和你交往，不管你是怎样的人；但是一提到学问，他就不肯开口；不是他不肯把学问白白送给人，便是不屑于与一个没学问的人谈学问——他的神态表示出来，跟你来往已是降格相从，至于学问之事，哈哈……但是，地山绝对不是这样的人。他愿意把他所知道的告诉人，正如同他愿给人讲故事。他不因为我向他请教而轻视我，而且也并不板起面孔表示他有学问。和谈笑话似的，他知道什么便告诉我什么，没有矜持，没有厌倦，叫我佩服他的学识，而仍认他为好友。学问并没有毁坏了他的为人，像那些气焰千丈的“学者”那样，他对我如此，对别人也如此；在认识他的人中，我没有听到过背地里指摘他，说他不够个朋友的。

不错，朋友们也有时候背地里讲究他；谁能没有些毛病呢。可是，地山的毛病只使朋友们又气又笑的那一种，绝无损于他的人格。他不爱写信。你给他十封信，他也未见得答复一次；偶尔回答你一封，也只是几个奇形怪状的字，写在一张随手拾来的破纸上。我管他的字叫作鸡爪体，真是难看。这也许是他不愿写信的原因之一吧？另一毛病是不守时刻。口头的或书面的通知，何时开会或何时集齐，对他绝不发生作用。只要他在图书馆中坐下，或和友人谈起来，就不用再希望他还能看看钟表。所以，你设若不亲自拉他去赴会就约，那就是你的过错；他是永远不记着时刻的。

一九二四年初秋，我到了伦敦，地山已先我数日来到。他是在美国得了硕士学位，再到牛津继续研究他的比较宗教学的；还未开学，所以先在伦敦住几天，我和他住在了一处。他正用一本中国小商店里用的粗纸账本写小说，那时节，我对文艺还没有发生什么兴趣，所以就没大注意他写的是哪一篇。几天的工夫，他带着我到城里城外玩耍，把伦敦看了一个大概。地山喜欢历史，对宗教有多年的研究，对古生物学有浓厚的兴趣。由他领着逛伦敦，是多么有趣、有益的事呢！同时，他绝对不是“月亮也是外国的好”的那种留学生。说真的，他有时候过火地厌恶外国人。因为要批判英国人，他甚至于连英国人有礼貌，守秩序，和什么喝汤不准出响声，都看成愚蠢可笑的事。因此，我一到伦敦，就借着他的眼睛看到那古城的许多宝物，也看到它那阴暗的一方面，而不至糊糊涂涂地断定伦敦的月亮比北平的好了。

不久，他到牛津去入学。暑假寒假中，他必到伦敦来玩几天。“玩”这个字，在这里，用得很妥当，又不很妥当。当他遇到朋友的时候，他就忘了自己：朋友们说怎样，他总不驳回。去到东伦敦买黄花木耳，大家做些中国饭吃？好！去逛动物园？好！玩扑克牌？好！他似乎永远没有忧郁，永远不会说“不”。不过，最好还是请他闲扯，他的话一会儿低降到贩夫走卒的俗野，一会儿高飞到学者的深刻高明。他谈一整天并无倦容，大家听一天也不感疲倦。

不过，你不要让他独自溜出去。他独自出去，不是到博物院，必是入图书馆。一进去，他就忘了出来。有一次，在上午八九点钟，我在东方学院的图书馆楼上发现了他。到吃午饭的时候，我去唤他，他不动。一直到下午五点，他才出来，还是因为图书馆已到关门的时间的缘故。找到了我，他不住地喊“饿”，是啊，他已饿了十点钟。在这种时节，“玩”字是用不得的。

在他离英以前，我已试写小说。我没有一点自信心，而他又没工夫替我看看。我只能抓着机会给他朗读一两段。听过了几段，他说：“可以，往下写吧！”这，增多了我的勇气。他的文艺意见，在那时候，仿佛是偏重于风格与情调；他自己的作品都多少有些传奇的气息，他所喜爱的作品也差不多都是浪漫派的。他的家世，他的在南洋的经验，他的旧文学的修养，他的喜研究学问而又不忍放弃文艺的态度，和他自己的生活方式，我想，大概都使他倾向着浪漫主义。

我自己没有学问，不能妥切地道出地山在学术上的成就何如。我只知道，他极用功，读书很多，这就值得钦佩，值得效法。对文艺，我没有什么高明的见解，所以不敢批评地山的作品。但是我晓得，他向来没有争过稿费，或恶意地批评过谁。这一点，不但使他能在香港文协分会以老大哥的身份德望去推动会务，而且在全国文艺界的团结上也有重大的作用。

是的，地山的死是学术界文艺界的极重大的损失！至于谈到他与我私人的关系，我只有落泪了；他既是我的“师”，又是我的好友！

啊，地山！你记得给我开的那张必读书的单子吗？你用功，也希望我用功；可是那张单子上的六十几部书，到如今我一部也没有读啊！

你记得给我打电报，叫我到济南车站去接周校长吗？多么有趣的电报啊！知道我不认识她，所以你叫她穿了黑色旗袍，而电文是：“×日×时到站接黑衫女”！当我和妻接到黑衫女的时候，我们都笑得闭不上口啊。朋友，你托好友做一件事，都是那样有风趣啊！啊，昔日的趣事都变成今日的泪源。你怎可以死呢！

不能再往下写了……

（有删改）

6. 我记忆中的老舍先生

⊙季羡林

老舍先生是我毕生最喜爱的作家之一，我对他怀有崇高的敬意。

但是，我认识老舍先生却完全出于一个偶然的机会。二十世纪三十年代初，我离开了高中，到清华大学来念书。当时老舍先生正在济南齐鲁大学教书。济南是我的老家，每年暑假我都回去。李长之是济南人，他是我的唯一的一个小学、中学、大学“三连贯”的同学。有一年暑假，他告诉我，他要在家里请老舍先生吃饭，要我作陪。在当时，大学教授架子一般都非常大，他们与大学生之间宛然是两个阶级。要我陪大学教授吃饭，我真有点受宠若惊。及至见到老舍先生，他却全然不是我心目中的那种大学教授。他谈吐自然，蔼然可亲，一点架子也没有，特别是他那一口地道的京腔，铿锵有致，听他说话，简直就像是听音乐，是一种享受。从那以后，我们就算是认识了。

我现在已经记不清楚我们重逢时的情景，但是我却清晰地记得二十世纪五十年代初期召开的一次汉语规范化会议时的情景。当时语言学界的知名人士以及曲艺界的名人，都被邀请参加，其中有侯宝林、马增芬姊妹等。老舍先生、叶圣陶先生、罗常培先生、吕叔湘先生、黎锦熙先生等都参加了。这是中华人民共和国成立后语言学界的第一次盛会，因此大家的兴致都很高，会上的气氛也十分亲切融洽。

有一天中午，老舍先生忽然建议，要请大家吃一顿地道的北京饭。大家都知道，老舍先生是地道的北京人，他讲的地道的北京饭一定会是非常地道的，都欣然答应。老舍先生对北京人民生活之熟悉，是众所周知的。有人戏称他为“北京土地”。他结交的朋友，三教九流都有。他能一个人坐在大酒缸旁，同洋车夫、旧警察等开怀畅饮，亲密无间，宛如亲朋旧友，谁也感觉不到他是大作家、名教授、留洋的学士。能做到这一步的，并世作家中没有第二人。这样一位老北京想请大家吃北京饭，大家的兴致哪能不高涨起来呢？商议的结果是到西四砂锅居去吃白煮肉，当然是老舍先生做东。他同饭馆的经理一直到小伙计都是好朋友，因此饭菜极佳，服务周到。大家尽兴地饱餐了一顿。虽然是一顿简单的饭，然而却令人毕生难忘。

还有一件小事，也必须在这里提一提。忘记了是哪一年了，反正我还住在城里翠花胡同没搬出城外。有一天，我到东安市场北门对门的一家著名的理发馆里去理发，猛然瞥见老舍先生也在那里，正躺在椅子上，下巴上白糊糊的一团肥皂泡沫，正让理发师刮脸。这不是谈话的好时机，只寒暄了几句，就什么也不说了。等我坐在椅子上时，从镜子里看到他跟我打招呼，告别，看到他的身影走出门去。我理完发要付钱时，理发师说老舍先生已经替我付过了。这样芝麻绿豆的小事殊不足以见老舍先生的精神；但是，难道也不足以见他这种细心体贴人的心情吗？

老舍先生的道德文章，光如日月，巍如山斗，用不着我来细加评论，我也没有那个能力。我现在写的都是一些小事。然而小中见大，于琐细中见精神，于平凡中见伟大，豹窥一斑，鼎尝一脔，不也是老舍先生整个人格的一个缩影吗？

（有删改）

7. 忆白石老人

⊙艾　青

1949年我进北京城不久，就打听白石老人的情况，知道他还健在，我就想看望这位老画家。我约了沙可夫和江丰两个同志，由李可染同志陪同去看他，他住在西城跨车胡同13号。进门的小房间住了一个小老头子，没有胡子，后来听说是清皇室的一名小太监，给他看门的。

当时，我们三个人都是北京军事管制委员会的文化接管委员，穿的是军装，臂上戴臂章，三个人去看他，难免要使老人感到奇怪。经李可染介绍，他接待了我们。我马上向前说："我在18岁的时候，看了老先生的四张册页，印象很深，多年都没有机会见到你，今天特意来拜访。"

他问："你在哪儿看到我的画？"

我说："1928年，已经21年了，在杭州西湖艺术院。"

他问："谁是艺术院院长？"

我说："林风眠。"

他说："他喜欢我的画。"

这样他才知道来访者是艺术界的人，亲近多了，马上叫护士研墨，带上袖子，拿出几张纸给我们画画。他送了我们三个人每人一张水墨画，两尺琴条。给我画的是四只虾，半透明的，上画有两条小鱼。题款：

"艾青先生雅正　八十九岁白石"，印章"白石翁"，另一方"吾所能者乐事"。

我们真高兴，带着感激的心情和他告别了。

我当时是接管中央美术学院的军代表。听说白石老人是教授，每月到学校一次，画一张画给学生看，做示范表演。

老人一生都很勤奋，木工出身，学雕花，后来学画。他已画了半个多世纪了，技巧精练，而他又是个爱创新的人，画的题材很广泛：山水、人物、花鸟虫鱼。没有看见他临摹别人的。他具有敏锐的观察力，记忆力特别强，能准确地捕捉形象。他有一双显微镜的眼睛，早年画的昆虫，纤毫毕露，我看见他画的飞蛾，伏在地上，满身白粉，头上有两瓣触须；他画的蜜蜂，翅膀好像有嗡嗡的声音；画知了、蜻蜓的翅膀像薄纱一样；他画的蚱蜢，大红大绿，很像后期印象派的油画。

他画鸡冠花，也画牡丹，但他和人家的画法不一样，大红花，笔触很粗，叶子用黑墨只几点；他画丝瓜、倭瓜；特别爱画葫芦；他爱画残荷，看看很乱，但很有气势。

有一张他画的向日葵。题：

“齐白石居京师第八年画”，印章“木居士”。题诗：

“茅檐矮矮长葵齐，雨打风摇损叶稀。干旱犹思晴畅好，倾心应向日东西。白石山翁灯昏又题”，印章“白石翁”。

有一张柿子，粗枝大叶，果实赭红，写“杏子坞老民居京华第十一年矣　丁卯”，印章“木人”。

他也画山水，没有见他画重峦叠嶂，多是平日容易见到的。他一张山水画上题：

“予用自家笔墨写山水，然人皆（以）余为糊涂，吾亦以为然。白石山翁并题”，印章“白石山翁”。

后在画的空白处写“此幅无年月，是予二十年前所作者，今再题。八十八白石”，印章“齐大”。

事实是他不愿画人家画过的。

我在上海朵云轩买了一张他画的一片小松林，二尺的水墨画，我拿到和平书店给许麟庐看，许以为是假的，我要他一同到白石老人家，挂起来给白石老人看。我说：“这画是我从上海买的，他说是假的，我说是真的，你看看……”他看了之后说：“这个画人家画不出来的。”署名齐白石，印章是“白石翁”。

我又买了一张八尺的大画，画的是没有叶子的松树，结了松果，上面题了一首诗：“松针已尽虫犹瘦，松子余年绿似苔。安得老天怜此树，雨风雷电一起来。阿爷尝语，先朝庚午夏，星塘老屋一带之松，为虫食其叶。一日，大风雨雷电，虫尽灭绝。丁巳以来，借山馆后之松，虫食欲枯。安得庚午之雷雨不可得矣。辛酉春正月画此并题记之。三百石印富翁五过都门”，下有八字：“安得之安字本欲字”。印章“白石翁”。

他看了之后竟说：“这是张假画。”

我却笑着说：“这是昨天晚上我一夜把它赶出来的。”他知道骗不了我，就说：“我拿两张画换你这张画。”我说：“你就拿二十张画给我，我也不换。”他知道这是对他画的赞赏。

这张画是他七十多岁时的作品。他拿了放大镜很仔细地看了说：“我年轻时画画多么用心啊。”

一张画了九只麻雀在乱飞。诗题：

“叶落见藤乱，天寒入鸟音。老夫诗欲鸣，风急吹衣襟。枯藤寒雀从未有，既作新画，又作新诗。借山老人非懒辈也。观画者老何郎也”。印章“齐大”。看完画，他问我：“老何郎是谁呀？”

我说：“我正想问你呢。”他说：“我记不起来了。”这张画是他早年画的，有一颗大印“甑屋”。

我曾多次见他画小鸡，毛茸茸，很可爱；也见过他画的鱼鹰，水是绿的，钻进水里的，很生动。

他对自己的艺术是很欣赏的，有一次，他正在画虾，用笔在纸上画了一根长长的头发粗细的须，一边对我说：“我这么老了，还能画这样的线。”

他挂了三张画给我看，问我：“你说哪一张好？”我问他：“这是干什么？”他说：“你懂得。”

我曾多次陪外宾去访问他，有一次，他很不高兴，我问他为什么，他说外宾看了他的画没有称赞他。我说：“他称赞了，你听不懂。”他说他要的是外宾伸出大拇指来。他多天真！

他所收的门生很多，据说连梅兰芳也跪着磕过头，其中最出色的要算李可染。李原在西湖艺术院学画，素描基础很好，抗战期间画过几个战士被日军钉死在墙上的画。李在美院当教授，拜白石老人为师。李有一张画，一头躺着的水牛，牛背脊梁骨用一笔下来，气势很好，一个小孩赤着背，手持鸟笼，笼中小鸟在叫，牛转过头来听叫声……

白石老人看了一张画，题了字：

“心思手作不愧乾嘉间以后继起高手。八十七岁白石甲亥”。印章“白石题跋”。

我在给他看门的太监那儿买了一张小横幅的字，写着：“家山杏子坞，闲游日将夕。勿忘还家路，依着牛蹄迹。”印章“阿芝”，另一印“吾年八十二矣”。我特别喜欢他的诗，生活气息浓，有一种朴素的美。早年，有人说他写的诗是薛蟠体，实在不公平。

我有几次去看他，都是李可染陪着，这一次听说他搬到一个女弟子家——是一个起义的将领家。他见到李可染忽然问：“你贵姓？”李可染马上知道他不高兴了，就说：“我最近忙，没有来看老师。”他转身对我说：“艾青先生，解放初期，承蒙不弃，以为我是能画几笔的……”李可染马上说：“艾先生最近出国，没有来看老师。”他才平息了怨怒。他说最近有人从香港来，要他到香港去。我说：“你到香港去干什么？那儿许多人是从内地逃亡的……

你到香港，半路上死了怎么办？”他说：“香港来人，要了我的亲笔写的润格，说我可以到香港卖画。”他不知道有人骗去他的润格，到香港去卖假画。

不久，他就搬回跨车胡同13号了。

我想要他画一张他没有画过的画，我说：“你给我画一张册页，从来没有画过的画。”他欣然答应，护士安排好了，他走到画案旁边画了一张水墨画：一只青蛙往水里跳的时候，一条后腿被草绊住了，青蛙前面有三个蝌蚪在游动，更显示青蛙挣不脱去的焦急。他很高兴地说：“这个，我从来没有画过。”我也很高兴。他问我题什么款。我说：“你就题吧，我是你的学生。”他题：

“青也吾弟　小兄璜　时同在京华　深究画法　九十三岁时记　齐白石”

一天，我在伦池斋看见了一本册页，册页的第一张是白石老人画的：一个盘子放满了樱桃，有五颗落在盘子下面，盘子在一个小木架上。我想买这张画。店主人说：“要买就整本买。”我看不上别的画，光要这一张，他把价抬得高高的，我没有买；马上跑到白石老人家，对他说：“我刚才看了伦池斋你画的樱桃，真好。”他问：“是怎样的？”我就把画给他说了，他马上说：“我给你画一张。”他在一张两尺的琴条上画起来，但是颜色没有伦池斋的那么鲜艳，他说：“西洋红没有了。”

画完了，他写了两句诗，字很大：

“若教点上佳人口　言事言情总断魂”

他显然是衰老了，我请他到曲园吃了饭，用车子送他回到跨车胡同，然后跑到伦池斋，把那张册页高价买来了。署名“齐白石”，印章“木人”。

后来，我把画给吴作人看，他说某年展览会上他见过这张画，整个展览会就这张画最突出。

有一次，他提出要我给他写传。我觉得我知道他的事太少，他已经90多岁，我认识他也不过最近七八年，而且我已经看了他的年谱，就说：“你的年谱不是已经有了吗？”我说的是胡适、邓广铭、黎锦熙三人合写的，商务印书馆出版的《齐白石年谱》。他不作声。

后来我问别人，他为什么不满意他的年谱，据说那本年谱把他的“瞒天过海法”给写了。1937年他75岁时，算命的说他流年不利，所以他增加了两岁。

这之后，我很少去看他，他也越来越不爱说话了。

最后一次我去看他，他已奄奄一息地躺在躺椅上，我上去握住他的手问他：“你还认得我吗？”他无力地看了我一眼，轻轻地说：“我有一个朋友，名字叫艾青。”他很少说话，我就说：“我会来看你的。”他却说：“你再来，我已不在了。”他已预感到自己在世之日不会有多久了。想不到这一别就成了永诀。

他逝世时已经97岁。实际是95岁。

1983年12月

（有删改）

为学有道

学习，是我们攀登知识高峰的阶梯；学习，是我们横渡知识海洋的帆船；学习，更是我们实现人生理想的最佳途径。阅读本单元文章，注意从古人的言行中体会为学之道，学习古人的精神与方法，以梳理自己散乱的“砖瓦”，筑起“高楼大厦”。

学习本单元文章，要注意品味人物语言和关键语句、段落，关注文言文言简意丰的特点。借助注释和工具书，在把握文言实词和相关文化常识的基础上，理解文章的内容和道理，领悟其中的为学真谛。

1. 任末好学①

⊙〔晋〕王嘉

任末年十四，学无常师，负笈②不远险阻。每③言："人而不学，则何以成？"或④依林木之下，编茅为庵⑤，削荆为笔，克树汁为墨。夜则映星望月，暗则缚麻蒿⑥以自照。观书有合意者，题其衣裳，以记其事。门徒悦⑦其勤学，更以净衣易⑧之。……临终诫曰："夫人好学，虽死若存；不学者虽存，谓之行尸走肉耳！"

---

① 选自王嘉《拾遗记》，题目为编者所加。

② 笈：书箱。

③ 每：常常，经常。

④ 或：有时。

⑤ 庵：茅草小屋。

⑥ 麻蒿：一种植物，纤维柔韧，可以剥离捆扎，点燃后用以照明。

⑦ 悦：敬佩。

⑧ 易：交换。

译文

任末十四岁时，求学没有固定的老师，（他）背着书箱向老师求学，不怕困难险阻。他常常说："人如果不学习，那么凭什么可以成功呢？"任末有时靠在树下，用茅草编结成小屋，削荆条制成笔，刻树的汁液作为墨汁。晚上就在星月的辉映下读书，遇上没有月亮的黑夜，他便点燃捆扎好的麻蒿照明。看书有领会的时候，就写在自己的衣服上，用来记录那些事理。他的学生们钦佩他的勤学精神，常拿来干净衣服给他替换……他临终时劝勉别人说："人喜欢学习，即使死了也好像活着；不学习的人，即便是活着，也不过是行尸走肉罢了。"

学习提示

任末是东汉时的著名学者，以勤苦好学、爱友尊师闻名。他精通"五经"，在洛阳教授学生达十余年。中国古代像任末这样的勤学表率并不罕见，但能将这种精神传之后世，以人品学问来影响他人，始终以学习的意义劝勉他人，却不是每一位学者都能做到的。

学习时要注意体会任末好学的精神，关注他终身学习、传以育人的品格。可以根据注释与译文，梳理人物的言行并思考：文章是如何在有限的篇幅内凸显人物的形象特点的？除了正面刻画人物，写学生为其换衣之事有何作用？

2. 范仲淹苦学[①]

⊙〔宋〕朱熹

范仲淹二岁而孤[②]，母贫无依，再适[③]长山朱氏。既长，知其世家[④]，感泣辞母，去之南都入学舍。昼夜苦学，五年未尝解衣就寝。或夜昏怠[⑤]，辄以水沃[⑥]面。往往饘粥[⑦]不充，日昃[⑧]始食，遂大通六经[⑨]之旨，慨然有志于天下。常自诵曰："当先天下之忧而忧，后天下之乐而乐。"

---

① 选自朱熹《宋名臣言行录》，题目为编者所加。

② 孤：幼年失去父亲。

③ 再适：改嫁；再嫁。适，旧称女子出嫁。

④ 世家：家世；世系。

⑤ 昏怠：头脑昏沉，精神倦怠。

⑥ 沃：浇洗。

⑦ 饘（zhān）粥：稠粥。

⑧ 日昃（zè）：太阳过中午渐渐向西边落下。

⑨ 六经：指《诗》《书》《礼》《乐》《易》《春秋》六种经书，其中《乐》现已失传。

译文

范仲淹两岁丧父，母亲贫穷无依无靠，改嫁给长山的朱氏。范仲淹长大知道自己的身世后，感动流涕辞别母亲，去应天府的南都学舍读书。他白天、深夜都认真读书，五年都没曾脱衣睡觉。有时夜晚疲倦了，就用冷水洗脸。他常常连稠粥都吃不上，直到太阳快落山了才吃一点东西。就这样，他精通了“六经”要义，于是很感慨地树立起了治理国家的雄心壮志。他常常自己吟诵说：“读书人应当在天下人还没有忧虑国家的时候就事先加以忧虑，在天下人都欢乐之后才欢乐。”

学习提示

庆历三年（1043），范仲淹出任参知政事，推行“庆历新政”，希望变革国政，有补当世。作为宋代著名的政治家、文学家，他认为要做有益于国民之事，“不惟有超世之才，亦必有坚忍不拔之志”。这种为人的品格与持守，是他自年少时就养成和磨砺而得的。观其求学实是观其为人立志。

同学们阅读时可以将这则短篇与范仲淹的《岳阳楼记》《渔家傲·秋思》对比阅读，体会作者先忧后乐的精神，体会本文中细节描写对突出人物形象的作用，体会范仲淹《严先生祠堂记》中“云山苍苍，江水泱泱。先生之风，山高水长”之言那种伴随时间而来的力量。

1. 师旷论学[①]

⊙〔汉〕刘向

晋平公问于师旷曰："吾年七十，欲学恐已暮[②]矣。"师旷曰："何不炳[③]烛乎？"平公曰："安[④]有为人臣而戏其君乎？"师旷曰："盲臣[⑤]安敢戏君乎？臣闻之，少而好学，如日出之阳；壮而好学，如日中之光；老而好学，如炳烛之明。炳烛之明，孰与[⑥]昧行[⑦]乎？"平公曰："善哉！"

① 选自刘向《说苑》，题目为编者所加。

② 暮：迟，晚。

③ 炳：点燃。

④ 安：哪里，疑问代词。

⑤ 盲臣：师旷双目失明，故自称盲臣。

⑥ 孰与：何如。表示两者相比，择其一。

⑦ 昧行：在黑暗中行走。昧，暗，不明。

译 文

晋平公问师旷："我七十岁了，很想学习，恐怕已经晚了吧！"师旷说："为什么不点燃蜡烛呢？"平公说："哪有做臣子的戏弄他的君王的道理呢？"师旷说："盲臣（我）怎么敢戏弄君王啊！我听说：少年的时候好学，就如同初升的太阳，光芒万丈；壮年的时候好学，就如同烈日当空，光焰夺目；老年的时候好学，就如同晚上点亮蜡烛一样。点亮了蜡烛行走，和摸黑行走哪个更好呢？"平公说："说得好啊！"

圆周率溯源

我国古代劳动人民在很早以前就已经在生产实践中开始应用圆周率了。最早求得的圆周率值是"3"；西汉末年时，刘歆又得出3.1547的圆周率值；东汉时，张衡算出3.1622的圆周率值；三国末年时，数学家刘徽创造了求圆周率近似值的科学程序，求得3.141024的圆周率值；南北朝的数学家祖冲之，求出圆周率在3.1415926和3.1415927之间，还保留了两个用分数表示圆周率的数据，其中较精确的密率为355/113，得到"π"的约率为22/7。这与现代求得的圆周率的真值很相近，是当时最精确的圆周率。

在欧洲，到1573年，德国的奥托才求得了这数值的近似值，比祖冲之晚1000多年。

2. 董遇“三余”读书[①]

⊙〔晋〕陈寿

遇字季直，性质讷[②]而好学。兴平中，关中[③]扰乱，与兄季中依将军段煨。采稆[④]负贩，而常挟持经书，投闲[⑤]习读，其兄笑之而遇不改。……

遇善治[⑥]《老子》，为《老子》作训注[⑦]。又善《左氏传》[⑧]，更为作朱墨别异。人有从学者[⑨]，遇不肯教，而云：“必当先读百

---

①选自陈寿《三国志》，题目为编者所加。

②质讷：质朴木讷。讷，出言迟钝。

③关中：约指函谷关以西的秦地。

④稆（lǔ）：野生稻谷。

⑤投闲：趁空闲，伺机。

⑥治：研究。

⑦训注：训释注解。训，解说，注释。

⑧《左氏传》：指《春秋左氏传》，即《左传》，相传春秋时鲁国人左丘明所著，是解释《春秋》的书。

⑨从学者：跟随他学习的人。

遍！”言：“读书百遍，而义自见[①]。”从学者云：“苦渴无日[②]。”遇言：“当以‘三余’。”或问“三余”之意。遇言：“冬者岁之余，夜者日之余，阴雨者时之余也。”

译 文

董遇，字季直，性格质朴木讷但喜欢学习。兴平年间，关中发生了动乱，他与哥哥董季中依附于将军段煨。他们常常采集野生稻谷背着贩卖，每次做这件事的时候，董遇都带着儒家经典著作，一有空就拿出书诵读，哥哥嘲笑他，但董遇没有改变他的做法。

董遇对《老子》很有研究，为它做了注释。对《春秋左氏传》也下过功夫，曾在所读的书上用朱笔和墨笔分别批点。有个人想跟董遇学习，董遇不肯教，却说："你必须在这之前先把书读很多遍。"又说："读书多读几遍，它的意思自然就显现出来了。"求教的人说："苦于没时间。"董遇说："应当用'三余'时间。"有人问"三余"是什么意思。董遇说："冬天（没农活）是一年中的多余时间，夜晚（不便干活）是一天中的多余时间，下雨的日子（无法干活）是平时的多余时间。"

---

① 见：同"现"，出现，显现。

② 苦渴无日：苦于没有时间。渴，急切。

3. 沈约勤学[①]

⊙〔唐〕姚思廉

（沈约）孤贫[②]，笃志[③]好学，昼夜不倦。母恐其以[④]劳生疾，常遣[⑤]减油灭火。而昼之所读，夜辄诵之，遂博通群籍，能属文[⑥]。……济阳蔡兴宗闻其才而善[⑦]之；兴宗为郢州刺史，引[⑧]为安西外兵参军，兼记室。兴宗尝谓其诸子曰："沈记室人伦师表[⑨]，宜善事之。"

---

① 选自姚思廉《梁书·沈约传》，题目为编者所加。

② 孤贫：孤苦贫寒。

③ 笃志：专心一意，立志不变。

④ 以：因为。

⑤ 遣：使，让。

⑥ 属文：写文章。属，撰写。

⑦ 善：交好。

⑧ 引：举荐。

⑨ 人伦师表：人品才学堪称表率。

译 文

沈约家境孤苦贫寒，但他志向坚定而且热爱学习，日日夜夜不知疲倦。他的母亲担心他因为太劳累而生病，时常让他少添灯油早点休息。沈约白天所诵读过的文章，晚上就能够背诵，于是精通很多典籍，能够写出很好的文章。济阳蔡兴宗听说了他的才华，很赏识他。蔡兴宗当时为郢州刺史，引荐沈约为安西外兵参军，兼任记室。蔡兴宗曾经对他的几个儿子说："沈约的人品学问堪称表率，你们应该好好地向他学习。"

十进制的应用

据历史资料记载，中国最晚在商周之际，就已经遵循了十进制的计数方法。在春秋战国时代，中国人就已经能熟练地运用十进位制算筹计数法，它和现代通用的十进位笔算计数法基本一样。英国著名科学家李约瑟教授曾对中国古代计数法予以很高的评价："如果没有这种十进制，就几乎不可能出现我们现在这个统一化的世界了。"

4. 司马光苦读[1]

⊙〔宋〕朱熹

司马温公[2]幼时，患[3]记问不若[4]人。群居讲习，众兄弟既成诵，游息矣；独下帷绝编[5]，迨[6]能倍诵[7]乃止。用力多者收功远，其所精诵，乃终身不忘也。温公尝言："书不可不成诵。或在马上，或中夜[8]不寝时，咏其文，思其义，所得多矣。"

---

① 选自朱熹《宋名臣言行录》，题目为编者所加。

② 司马温公：司马光逝世后被追封温国公，故称。

③ 患：担心。

④ 若：如，比得上。

⑤ 下帷绝编：指闭门苦读。下帷，放下室内悬挂的帷幕。原指汉代董仲舒放下帐幕讲学，三年不看窗外之事，这里借此指专心读书。绝编，勤学苦读到编竹简的皮绳多次磨断，原指孔子读《易》韦编三绝之事，语出《史记·孔子世家》。

⑥ 迨：等到。

⑦ 倍诵：背诵。倍，同"背"。

⑧ 中夜：半夜。

译文

司马光幼年时，担心自己记诵诗书以备应答的能力比不上别人。所以大家在一起学习讨论时，别的兄弟会背诵了，就去玩耍休息了，而司马光却独自留下来，专心刻苦地读书，一直到能够背得烂熟于心为止。因为司马光读书时下的功夫大，收获就长远，所以他用心背诵过的内容，就能终身不忘。司马光曾经说："读书不能不背诵。有时在骑马走路的时候，有时在半夜睡不着觉的时候，吟咏读过的文章，想想它的意义，收获就会非常大了。"

九九表的历史

现在学生学的九九乘法表，是从一一得一开始，到九九八十一止；而古代却是倒过来的，从九九八十一开始，因此称为"九九表"。

我国使用九九表的历史较早，在《荀子》《管子》《淮南子》《战国策》等书中，就能找到"三九二十七""六八四十八""四八三十二""六六三十六"等句子。由此可见，早在春秋战国时期，"九九表"就已经开始流行了。

5. 王冕读书[1]

⊙〔明〕宋濂

王冕者，诸暨人。七八岁时，父命牧[2]牛陇[3]上，窃入学舍，听诸生诵书；听已[4]，辄[5]默记。暮归，忘其牛。或牵牛来责蹊田[6]，父怒，挞[7]之。已而[8]复如初。母曰："儿痴如此，曷[9]不听其所为？"冕因[10]去，依僧寺以居。夜潜出，坐佛膝上，执策[11]映长明灯

---

①选自宋濂《宋学士文集》，题目为编者所加。

②牧：放牧牲畜。

③陇：同"垄"，田埂。

④已：结束，完毕。

⑤辄（zhé）：总是。

⑥蹊（xī）田：踩踏了田里的庄稼。

⑦挞（tà）：用鞭棍等打。

⑧已而：不久，后来。

⑨曷：为什么，相当于"何"。

⑩因：于是，就。

⑪策：同"册"，古代称连编好的竹简为"策"，此处引申为书。

读之，琅琅达旦。佛像多土偶，狞恶可怖，冕小儿，恬[①]若不见。安阳韩性[②]闻而异[③]之，录[④]为弟子，学遂为通儒[⑤]。性卒[⑥]，门人事[⑦]冕如事性。时冕父已卒，即迎母入越城就养[⑧]。久之，母思还故里，冕买白牛驾母车，自被[⑨]古冠服随车后。乡里小儿竞[⑩]遮道[⑪]讪笑[⑫]，冕亦笑。

---

① 恬：安然自适的样子。

② 韩性：字明善，浙江绍兴人，元代理学家。

③ 异：形容词的意动用法，对……感到惊讶。

④ 录：录用，收下。

⑤ 通儒：学识渊博的儒者。

⑥ 卒：逝世。

⑦ 事：侍奉。

⑧ 就养：接受奉养。就，接近，靠近。

⑨ 被：同“披”，穿戴着。

⑩ 竞：争相。

⑪ 遮道：拦路，一般用于百姓挽留政绩卓著、深得民心的官吏。

⑫ 讪笑：讥笑，此处没有贬义，可泛称笑。

译 文

王冕是诸暨县人。在他七八岁时，父亲叫他在田埂上放牛，他偷偷地跑进学堂，去听学生们念书；听完以后，总是默默地记住。他傍晚才回家，把放牧的牛都忘记了。有人牵着牛来指责他家的牛踩踏了田里的庄稼，王冕的父亲大怒，打了王冕一顿。过后，他仍是这样。他的母亲说："这孩子想读书这样痴迷，为什么不由着他呢？"王冕从此以后就离开家，寄住在寺庙里。夜里，他就偷偷跑出来，坐在佛像的膝盖上，拿着书就着佛像前长明灯的灯光诵读，书声琅琅一直到天亮。佛像多是泥塑的，一个个面目威严可畏，王冕虽然是小孩，却神色安然，就好像没有看见似的。安阳的韩性听说后，对此感到很惊讶，便把他收作弟子，经过学习，王冕成了学识渊博的儒者。韩性去世后，他的门人侍奉王冕就像侍奉韩性一样。当时王冕的父亲已经去世了，他就把母亲接到越城来奉养。后来因为母亲想回故乡，他买了头白牛，拖着母亲的车，自己则穿戴着旧的衣服帽子跟在车后。乡间的孩童争相拦住道路观看并欢笑，王冕也笑。

单元学习任务

任务一

中华民族是一个勤奋好学、矢志向前的民族，历史上流传着许多勤学苦读、笃志不倦的故事。这些故事中不仅可以见人物、见品质、见风骨，也蕴含着许多学习的道理与方法。请你回顾本单元的文章，找一找那些触动你的道理或方法，用自己的话说一说，并填写下列表格。

人物	出处	方法/道理
任末	《任末好学》	观书有得，随手记录 人之好学，虽死犹存

任务二

刘熙载在《艺概》中说：“山之精神写不出，以烟霞写之；春之精神写不出，以草树写之。故诗无气象，则精神亦无所寓矣。”要在有限的篇幅内呈现人物的精神品格，蕴含人生感悟，就要着力于人物形象的刻画，或突出细节特征，或注重多角度的描写，或兼用多种表达方式，或巧用时空的变化。请同学们小组合作，仔细揣摩本单元文中凝练的语言，看看能找到哪些刻画人物的方法，运用这些方法又突出了怎样的人物形象特点。比比看谁找得多，说得有道理。

方法： —— 特点：

方法： —— 特点：

方法： —— 特点：

任务三

学校准备将教学楼内的装饰画更换为一组中国古代勤学、劝学的人物图，现面向全体学生征集推荐人物及简介。请同学们从本单元篇目中选择一位你最有感触或最钦佩的人物，或者你知道的其他勤学苦读、对学习有精深见解的名人（如写作《劝学》的荀子），课外搜集资料，深入了解他的经历与品行，写一段100字左右的简介，要求介绍该人物在勤学苦读方面的主要事迹或其关于学习的观点，并附上你的推荐理由。

写出人物的精神

叶圣陶曾说过，写文章不是生活的点缀和装饰，而就是生活本身。真正的写作应是为生活而写作，而不是为写作而写作。在生活中，与我们最亲近的就是亲人、师长、朋友，他们是我们最了解的人，也是我们最应该用笔去描摹、刻画的人。

学习本单元文章，我们要学习如何抓住典型细节来表现人物精神气质，如何借助写作手法（如对比、衬托、正侧面结合等）来凸显人物精神气质，如何用意蕴丰富的抒情句、议论句对人物精神气质进行画龙点睛式的概括。

1. 锄①

⊙李　锐

拄着锄把出村的时候又有人问他：

“六安爷，又去百亩园呀？”

倒拿着锄头的六安爷平静地笑笑：“是哩。”

“哎呀，六安爷，后晌天气这么热，眼睛又不方便，快不用去啦，快回家歇歇吧六安爷！”

六安爷还是平静地笑笑：“我不是锄地，我是过瘾。”

语言描写，用对话刻画出六安爷的倔强和从容，突出他与村人对土地的不同情感。

“咳呀，锄了地，受了累，又没有收成，你是图啥呀六安爷？”

六安爷已经记不清这样的回答重复过多少次了，他还是不紧不慢地笑笑，不紧不慢地回答：“我不是锄地，我是过瘾。”

① 本文选自生活·读书·新知三联书店《太平风物》一书。

斜射的阳光晃晃地照在六安爷的脸上，渐渐失明的眼睛，给他的脸上带来一种说不出的静穆，六安爷看不清人们的脸色，可他听得清人们的腔调。但是六安爷不想改变自己的主意，照样拄着锄把当拐棍，从从容容地从满脸迷惑的村民面前走过，锄把杵在干硬的黄土路面上，留下一个一个显眼的白印。

百亩园就紧靠在村子边上，就在河对面，一抬眼就能看见。一座三孔的石桥跨过乱流河，把百亩园和村子连在一起。这整整一百二十亩平坦肥沃的河滩地，是乱流河一百多里河谷当中最大最肥的一块地。西湾村的人不知道在这块地上耕种了几千年、几百代了，几千年、几百代里，西湾村人不知把几千斤、几万斤的汗水洒在百亩园，也不知从百亩园的土地上收获了几百万、几千万斤的粮食，更不知这几百万、几千万斤的粮食养活了世世代代多少人。但是，从今年起，百亩园再也不会收获庄稼了。新开的煤炭公司看中了百亩园，要在这块地上建一个焦炭厂。经过和村民反复谈判，煤炭公司一直把收购每亩土地的价钱压在五千块。这场谈判已经拖延了两年，为了表示

大时空的汇聚，在一个特殊的点集中在人物的身上，深化人物精神的传达，增加文本张力。

绝不接受的决心，今年下种的季节，西湾村的人坚决把庄稼照样种了下去。煤炭公司终于妥协了，每亩地一万五千块，这场惊心动魄的谈判像传奇一样在乱流河两岸到处被人传颂。一万五千块，简直就是一个让人头晕的天价。按照最好的年景，现在一亩地一年也就能收入一百多块钱。想一想就让人头晕，你得受一百多年的辛苦，流一百多年的汗，才能在一亩地里刨出来一万五千块钱啊！胜利的喜悦中，没有人再去百亩园了，因为合同一签，钱一拿，推土机马上就要开进来了。

可是，不知不觉中，那些被人遗忘了的种子，还是和千百年来一样破土而出了。每天早上嫩绿的叶子上都会有珍珠一样的露水，在晨风中把阳光变幻得五彩缤纷。这些种子们不知道，永远不会再有人来伺候它们，收获它们了。从此往后，百亩园里将是炉火熊熊、浓烟滚滚的另一番景象。

六安爷与种子的联结，就是人类与大地的联结；而种子与炉火，正是农耕与工业的象征。

只有六安爷总也舍不得那些种下去的种子，他掐着指头计算着出苗的时间，到了该间苗锄头遍的日子，六安爷就拄着锄头来到百亩园。一天三晌，一晌不落。

现在，劳累了一天的六安爷已经感觉到腰背的酸痛，满是老茧的手也有些僵硬。他蹲下身子摸索着探出一块空地，然后坐在黄土上，等着僵硬了的筋骨舒缓下来。等到歇够了，就再拄着锄把站起来。青筋暴突的臂膀，把锄头一次又一次稳稳地探进摇摆的苗垄里去。没有人催，自己心里也不急，六安爷只想一个人慢慢地锄地，就好像一个人对着一壶老酒细斟慢饮。

动作与心理描写十分细腻。一个人的时候最为真实，人物精神也往往最为突显，正如庄子所说的“独与天地精神往来”。

终于，西山的阴影落进了河谷，被太阳晒了一天的六安爷，立刻感觉到了肩背上升起的一丝凉意。他缓缓地直起腰来，把捏锄把的两只手一先一后举到嘴前，轻轻地啐上几点唾沫，而后，又深深地埋下腰，举起了锄头。随着臂膀有力的拉拽，锋利的锄刃闷在黄土里咯嘣咯嘣地割断了草根，间开了密集的幼苗，新鲜的黄土一股一股地翻起来。六安爷惬意地微笑着，虽然看不清，可是，耳朵里的声音，鼻子里的气味，河谷里渐起的凉意，都让他顺心，都让他舒服。银亮的锄板鱼儿戏水一般地在禾苗的绿波中上下翻飞，于是，松软新鲜的黄土上留下两行长长的跨距整齐的脚印，脚印的两旁是株距均匀的玉茭和青豆的幼苗。六安

六安爷的劳作是人与大地的节律相和，他不断挥动的锄就是他的精神寄托，人物的精神因此而富有流动性和特有的生命力。

爷种了一辈子庄稼，锄地这件事他也做了一辈子。只是眼下这一次有些不一般，六安爷心里知道，这肯定是他这辈子最后一次锄地了，最后一次给百亩园的庄稼锄地了。

沉静的暮色中，百亩园显得寂寥、空旷。六安爷喜欢这天地间昏暗的时辰，眼睛里边和眼睛外边的世界是一样的，他知道自己正慢慢融入眼前这黑暗的世界里。

这里既有对失去耕地的无奈，对大地深深的眷恋，也有因寂寥和空旷而生出的一种恒久的美。

很多天以后，人们跟着推土机来到百亩园的时候，无比惊讶地发现，被六安爷锄过的苗垄里，茁壮的禾苗均匀整齐，一棵一棵蓬勃的庄稼似乎全都充满了丰收的信心。没有人能相信那是一个半盲人锄过的地。于是人们想起六安爷说了无数遍的话，六安爷总是平静固执地说，“我不是锄地，我是过瘾”。

这是全文的线索。请你思考一下六安爷这句话对凸显人物精神的作用。

（有删节）

2. 理水（节选）

⊙鲁　迅

当两位大员回到京都的时候，别的考察员也大抵陆续回来了，只有禹还在外。他们在家里休息了几天，水利局的同事们就在局里大排筵宴，替他们接风，份子分福禄寿三种，最少也得出五十枚大贝壳。这一天真是车水马龙，不到黄昏时候，主客就全都到齐了，院子里却已经点起庭燎来，鼎中的牛肉香，一直透到门外虎贲的鼻子跟前，大家就一齐咽口水。酒过三巡，大员们就讲了一些水乡沿途的风景，芦花似雪，泥水如金，黄鳝膏腴，青苔滑溜……等等。微醺之后，才取出大家采集了来的民食来，都装着细巧的木匣子，盖上写着文字，有的是伏羲八卦体，有的是仓颉鬼哭体，大家就先来赏鉴这些字，争论得几乎打架之后，才决定以写着“国泰民安”的一块为第一，因为不但文字质朴难识，有上古淳厚之风，而且立言也很得体，可以宣付史馆的。

…………

局外面也起了一阵喧嚷。一群乞丐似的大汉，面目黧黑，衣服破旧，竟冲破了断绝交通的界线，闯到局里来了。卫兵们大喝一声，连忙左右交叉了明晃晃的戈，挡住他们的去路。

“什么？——看明白！”当头是一条瘦长的莽汉，粗手粗脚的，怔了一下，大声说。

卫兵们在昏黄中定睛一看，就恭恭敬敬的立正，举戈，放他们进去了。只拦住了气喘吁吁的从后面追来的一个身穿深蓝土布袍子，手抱孩子的妇女。

…………

这时候，局里的大厅上也早发生了扰乱。大家一望见一群莽汉们奔来，纷纷都想躲避，但看不见耀眼的兵器，就又硬着头皮，定睛去看。奔来的也临近了，头一个虽然面貌黑瘦，但从神情上，也就认识他正是禹；其余的自然是他的随员。

这一吓，把大家的酒意都吓退了，沙沙的一阵衣裳声，立刻都退在下面。禹便一径跨到席上，在上面坐下，大约是大模大样，或是生了鹤膝风罢，并不屈膝而坐，却伸开了两脚，把大脚底对着大员们，又不穿袜子，满脚底都是栗子一般的老茧。随员们就分坐在他的左右。

“大人是今天回京的？”一位大胆的属员，膝行而前了 点，恭敬的问。

“你们坐近一点来！”禹不答他的询问，只对大家说。“查的怎么样？”

大员们一面膝行而前，一面面面相觑，列坐在残筵的下面，看见咬过的松皮饼和啃光的牛骨头。非常不自在——却又不敢叫膳夫来收去。

“禀大人，”一位大员终于说。“倒还像个样子——印象甚佳。松皮水草，出产不少；饮料呢，那可丰富得很。百姓都很老实，他们是过惯了的。禀大人，他们都是以善于吃苦，驰名世界的人们。”

“卑职可是已经拟好了募捐的计划，”又一位大员说，“准备开一个奇异食品展览会，另请女隗小姐来做时装表演。只卖票，并且声明会里不再募捐，那么，来看的可以多一点。”

“这很好。”禹说着，向他弯一弯腰。

“不过第一要紧的是赶快派一批大木筏去，把学者们接上高原来。”第三位大员说，“一面派人去通知奇肱国，使他们知道我们的尊崇文化，接济也只要每月送到这边来就好。学者们有一个公呈在这里，说的倒也很有意思，他们以为文化是一国的命脉，学者是文化的灵魂，只要文化存在，华夏也就存在，别的一切，倒还在其次……”

“他们以为华夏的人口太多了，”第一位大员道，“减少一些倒也是致太平之道。况且那些不过是愚民，那喜怒哀乐，也决没有智者所推想的那么精微的。知人论事，第一要凭主观。例如莎士比亚……”

禹大声的说道：“我经过查考，知道先前的方法：‘湮’，确是错误了。以后应该用‘导’！不知道诸位的意见怎么样？”

静得好像坟山；大员们的脸上也显出死色，许多人还觉得自己生了病，明天恐怕要请病假了。

“这是蚩尤的法子！”一个勇敢的青年官员悄悄的愤激着。

“卑职的愚见，窃以为大人是似乎应该收回成命的。”一位白须白发的大员，这时觉得天下兴亡，系在他的嘴上了，便把心一横，置死生于度外，坚决的抗议道："湮是老大人的成法。'三年无改于父之道，可谓孝矣。'——老大人升天还不到三年。"

禹一声也不响。

"况且老大人化过多少心力呢。借了上天的息壤，来湮洪水，虽然触了上天的恼怒，洪水的深度可也浅了一点了。这似乎还是照例的治下去。"另一位花白须发的大员说，他是禹的母舅的干儿子。

禹一声也不响。

"我看大人还不如'干父之蛊'，"一位胖大官员看得禹不作声，以为他就要折服了，便带些轻薄的大声说，不过脸上还流出着一层油汗。"照着家法，挽回家声。大人大约未必知道人们在怎么讲说老大人罢……"

"要而言之，'湮'是世界上已有定评的好法子，"白须发的老官恐怕胖子闹出岔子来，就抢着说道。"别的种种，所谓'摩登'者也，昔者蚩尤氏就坏在这一点上。"

禹微微一笑："我知道的。有人说我的爸爸变了黄熊，也有人说他变了三足鳖，也有人说我在求名，图利。说就是了。我要说的是我查了山泽的情形，征了百姓的意见，已经看透实情，打定主意，无论如何，非'导'不可！这些同事，也都和我同意的。"

他举手向两旁一指。白须发的，花须发的，小白脸的，胖而流着油汗的，胖而不流油汗的官员们，跟着他的指头看过去，只见一排黑瘦的乞丐似的东西，不动，不言，不笑，像铁铸的一样。

3. 前方遭遇塌方

⊙肖复兴

那一年秋天，去九寨沟的路上，大家的情绪非常好，几乎一路都在唱歌。我们乘坐的是一辆大轿车，车厢里快成了音乐厅。开车的是一个眉清目秀的成都小伙子，他握着方向盘，一任我们驴吼马叫，一言不发，微微笑着，平稳地开他的车。

黄昏的时候，天突然下起了大雨，一时间，雨幕和暮色叠加在一起，像蝙蝠的翅膀一样压来。车子走着走着，忽然停了下来。我抬起头望望窗外，发现前面蜿蜒的山路上早已长蛇一般停了好长一串的车子。下车一打听，才知道前面的路因为大雨的缘故塌方了，路面一下子变窄了，而且非常滑。刚才，一辆运木材的大卡车连人带车滚进了道旁的江里，一眨眼的工夫就淹没在湍急的旋涡中，连影子都找不着了；紧跟着，另一辆卡车也重蹈覆辙，幸好挂在半山腰的树上，人们正在搭救司机。大家都担心，今晚还能不能到达九寨沟呀?

先是等交通监理来处理交通事故，疏通车辆，后是等前面的车子一辆辆蜗牛一样移动起来。等我们开到刚才事故发生的地点时，两个多小时已经过去了。天彻底黑了下来，雨却没有停，望望车窗外，那辆卡车黑乎乎的，还卡在半山腰的树上，不知司机救上来没有。前面的路越发显得窄，大概只能够勉强过一辆车，又正好是一个拐弯，无形中增加了行车的难度。可气的是靠近江边的一侧还有塌方，只要车轮稍稍打偏一点，车子就有可能一下子滑进江中。大家都倒吸一口凉气。

司机停住车，“吱呀”一声，把车门打开，回过头说了一句：“大家都下车吧，这里的路太危险，你们先走过去，在前面等我。”

满车的人都乖乖地下了车，撑起了雨伞，小心翼翼地往前走。只见司机坐在驾驶座上，双手紧紧地握着方向盘，两眼直直地望着前方。雨刷使劲在刷着车窗上的雨珠，车灯明晃晃地照着前面的雨水、山石和树木，阴森森的，格外瘆人。

车子开动前，我犹豫了一下，下车还是不下？……咬咬牙，我就一屁股坐了下来。

司机看见我，又把车停了下来，回头叫我：“快下车！太危险！”

我没下车，走到他的旁边坐下来。他看了看我，没再说话，只是伸出了手拉了拉我的手，他的手心里全是冷汗，我的手心也一样。

车子又启动了。我看得很清楚，前面的路窄得像是鸡脖子，方向盘在他的手中不停地急剧旋转着，他的脚不时地踩着刹车闸，车子像受惊的甲壳虫，不是在走，简直是在爬，一步步小心谨慎地在蠕动，稍有差池，就有可能出危险。尤其是过江边塌方的地段时，司机把车紧紧地贴近山的一侧，车轮紧紧压在路边，整条岷江就在我们的左侧晃悠着，肆无忌惮地呼啸着，随时都有可能把我们连人带车一起揽进它可怕的怀中。我的心都要蹦出嗓子眼儿了，两眼紧闭，连看都不敢看一下，现在再想下车都来不及了，豁出去了吧！

我不知道他是怎么过这危险一关的，只觉得车子颠簸了一下，然后是一个转弯，就飞快地加速，箭一般蹿出了好长一段路。就听他一连串地按响了喇叭，又听见地上一连串的欢呼声。

我不知道以后我还敢不敢冒险再充这个大尾巴鹰了，当时是一个劲儿地后怕。那一晚大雨中的山道和江水，还有那辆轿子车和司机，实在是让我终生难忘。我不知道他后怕不后怕，但在当时，他的沉稳果断却是一车人所不具备的，一个人的性格可能会在平常琐碎的日子显现出来，一个人的品格却是在关键时刻尤其是危险的时刻更为凸现，那是一个人生命最鲜亮的底色。

那天夜里到达九寨沟后，我半宿没睡安稳，总好像还在颠簸的车上一样。第二天晚上，为了给大家压惊，我们在诺日朗旁边举办了晚会，大家的歌声此起彼伏。不知谁看见我们的那位司机坐在角落里默默地听大家唱歌，就喊了起来，请他无论如何也得唱一个。大家热烈地鼓起掌来。他没有推辞，走到台前，说：“可以，但我得请一个人和我一起唱。”我没有想到，他请的是我。我和他一起唱了一首《草原之夜》，令我没有想到的是，他唱得非常好听。

4. 山的朴实

⊙谭　谈

应该去看看他。

推开门，从积满灰尘的地上拾起这张粗硬的纸片的时候，我这样想。

这是一块从包装纸箱上撕下来的纸片，厚厚的，硬硬的，很不规则的。留在上面的几行字，和这纸片一样的风格。像是一些树枝儿搭起来的：“谭谈，听说你到冷水江来了，我来看你。你不在。我还在老地方，想见见你。”下面署名是：周忠汉。

他来了？还待在老地方？

我沉默了，心在怦怦地跳。

屈指算算，十八个年头了。这老兄，一直待在那荒芜、偏僻的山顶上？那一年，我们一起从部队复员到这座矿山，都分在矿区最繁华的地段工作。当时，我二十四岁，他长我一二岁，都是血气方刚的青年。他还在部队时就结婚了，爱人是矿上的一名女工。回到矿山不久，他就当爸爸了。偏偏在这时，组织上决定调他上山，他心里不大愿意，但他不善言辞，要他找领导说上一句话，比要他下井上一个班还感到为难。他终于带着家人和家当，上山去了。那座山，我们叫不出它的名字，大家都管那里叫四风井。他上山不久，我邀了几个伴儿，到那里去看他。上山没有公路，一条羊肠小道，串联着这里的坡坡岭岭。花了两个多小时，才走到那里。山坡上，仅搭着两栋棚子似的简易平房，住着二三十个工人，十分的荒凉、清冷。他见到我们，非常高兴，从山里拣来蘑菇，扯来小笋子，还炒了腊肉，美美地招待了我们一餐。此后不久，我便离开了这座矿山。直到十年以后的1979年秋，我在《工人日报》当记者时，回到这座矿山来采访，一打问，他们夫妇仍旧在山上。山上仍旧没通公路。我在矿部一位干部的陪同下，翻过木丝坳，走了十五六里山路，去看他。

他挖了自己种的脚板薯，又煮上春、夏时日采来的蘑菇招待我。餐桌边，我们交谈着。我才知道，他已是三个孩子的父亲。老大和老二，都上学了。可山上没有学校，只好放一个在奶奶家，放一个在外婆家。这时，我才更深一层地体会到：这山顶上生活的艰难！

不觉间，又是七八年过去了，他竟仍然在那山顶上。去年年底，我到这座小城来深入生活，兼任这里的市委副书记。他那座矿，是自己的一方偏僻的“领地”。他这么远跑来找我，是不是有求于我，要我帮忙将他调下山来？我捏着那块纸片的手，不禁抖动起来。是啊，他领着他的妻子和孩子，在那里默默地度过了十八年，这是他一生中最宝贵的年华啊！他应该下山了，应该下山了啊！

我终于上路了。现在，山上通了公路。小车，在这条一个之字又一个之字的公路上奔跑着。为了便于解决他提出的什么要求，我特意让小车开到那个矿区最繁华的地段，把工区党委书记老张拉上车来。路上，我忍不住问老张：“他干得怎么样啊？”

“很难说具体。没听人讲他好，也没听人说他坏。这也许是我太‘兵僚主义’，也许是他太普通了。”

这话我信，在涟邵矿区四万多名工人中，他是普通得不能再普通了。

“那么，他有没有提出过要下山呢？”

“也没有呀！”

很快，车子爬到山上，停在井口边的坪里。老张领着我朝山坡上的那栋平房爬去。随着我的几声大喊，从一个门孔里走出来一个矮矮的女人。那是他的妻子陶素莲。

“忠汉呢？”

“洗澡去了。”

一会儿，一个身体健壮的男子，从坡下陡陡的石级上爬上来了。是他，是我的战友周忠汉。

“身体可好？”

“好！”

“家里呢？”

“好！”

“孩子们呢？”

“好！”

他一边给我们端来自己煮的糯米甜酒，一边用简单得不能再简单的言辞回答我。经我细细盘问，方知他的大孩子初中毕业后在家待业，老二和老三读书。还是那样，一个在奶奶家，一个在外婆家。

“你，有什么想法就讲呀，我特意把你们书记喊来了。”我谨慎地启发他。

“没，没什么想法。”

“有没有想过要下山？”我知道他秉性迟钝，便进一步地启发。

“想过。可是，我又想过，这山上横竖要人搞呀！”

我沉默了。心里热热的。忍不住抬起头来，放眼望去。顿时，眼前苍山如海。一个个大大小小的山头，全都默默地立在自己的位子上，朴实无华。我顿觉面前的世界，是那样的开阔……

5. 我的爷爷

⊙窦博涵

我刚入高中时，我爷爷六十三，现在两年过去了，他已经六十五了。回想过去的两年，似乎并没有什么特别的回忆，想来我这两年与他相处的时光远没有过去一个月相见的时间长。而现在我也只有在写这篇文章的时候能想想这位老人。

风雨无阻的出车人，一辈子忙碌。

我不知道爷爷年轻的时候是干什么的，可他近十年来的工作我却知道得一清二楚。爷爷经营着一家不大不小的食品杂货店，可这年头开一个小店能挣多少钱，更何况乡下人家少，人口流失严重。大门敞开，从早到晚也没几个人光顾，进账更是微薄。幸而爷爷有一技之长，能做南来北往拉送乡人的买卖，也就是乡下人所谓“出车”的生意。爷爷不太会联络乡人，可这出车的生意，几个屯子间属爷爷做得最好。不是爷爷的车子有多舒适，而是因为他的车子守时。有时为了送走赶火车的客人，爷爷凌晨三点就静悄悄地发动汽车，乘着寥寥的晨星离去。他也曾为趁早接回一位归乡的游子，在漫漫长夜里，听着收音机，独自等候。爷爷的举动，邻里们看在眼里，记在心里，爷爷的小货车总是奔波在乡间小路上，无论风雨，运输着一份份思念、一份份梦想，也撑起我们的小家，撑起我们的希望。

学历“高大上”的高中生，扎进土里的庄稼汉。

爷爷上过高中，这是肯定的，但上的是哪里的高中，我们不得而知。爷爷有知识，但这知识在乡下似乎全然没有什么用处。春种秋收，爷爷像大多数庄稼汉一样守着自己的一片田地，而他种的玉米也并没有比邻居家的高出多少。爷爷的知识似乎是烂在肚中，随种子一起埋进土里了吧。以前我总是暗笑爷爷的土气，觉得他的学问总是甩不开乡下的土，他常常语重心长地对我说：“眼是懒蛋，手是好汉。”而我只觉得索然无趣。可现在看来，这或许是他作为老一辈的学生经历大半辈子后领悟出的生活哲理。这哲理，支撑着爷爷走过艰难的岁月，也为我们家奠定了生活基础。当生活重回平淡的一天又一天，靠双手去努力，才是我们唯一能做的事情。

爷爷一天一天变老了，再黑的染料也掩不住他鬓角的白斑了。前段时间我放假回家，他竟孩子气地问这问那。他不懂信息时代的规则，有时只是想看看老同学发来的消息，却总是点进各种各样的广告。他问我怎么办，我想详尽地讲给他听，告诉他哪些是广告，哪些是真消息，可话到嘴边，却哽咽地说不出来，又过了一会儿，我只对他说：“这个消息你不要看了，这个消息也不用看了……看看别的吧。”我只感到无形的隔阂，把我们分隔开，爷爷扶我学骑自行车的日子，似乎再也回不来了……

爷爷跨上了新时代的列车，却还带着旧世界的尘土。但这尘土里孕育出的，未尝不是一种生活。这生活需要我们用心去守护，尽管它有时土气得可笑，可那却是生命最可爱的样子。

（学生习作）

整本书阅读

人类群星闪耀时

⊙〔奥地利〕斯蒂芬·茨威格

阅读导航

同学们，当你们看到《人类群星闪耀时》的书名时，是否会认为这本书描述的是人类文明中那些光辉的伟大时代？其实，这本书真正想要表达的是：在历史上某些时刻，某些人做了某些事情，而这些事影响之大，就像群星在天空闪耀一样令人炫目。比如，因凯卡波尔塔那扇被遗忘的小门，千年帝国拜占庭陷落；格鲁希一秒钟的犹豫决定了滑铁卢战役的结局，拿破仑的一世英名因此葬送；那个藏在行李箱中躲避债务的巴尔沃亚竟是第一个看到太平洋的欧洲人……斯蒂芬·茨威格在传记名作《人类群星闪耀时》里为我们展现了14个改变人类命运的历史瞬间和历史人物，构成了一幅人类群星闪耀图。

斯蒂芬·茨威格将纪实文学和浪漫笔调相结合，横向截取了人类历史中一些闪耀的时刻，以小角度来诠释大历史，用有戏剧冲击力的片段来解释历史的偶然性。在他的描写中，一个微小的思想转变，一个不经意的决定，一个名不见经传的人物，都可能成为历史的转向盘。他用独特的历史书写方式告诉我们：一个瞬间能决定个人生死、民族存亡甚至整个人类命运，成为历史的转角。同学们，站在某一瞬间的节点上，可以看到未来延展出的各种可能。历史发展如此，人生亦如此。唯有做出正确的选择，把握命运的关键时刻，才能创造闪耀的人生。

《人类群星闪耀时》既映照着历史的真实和神秘，又闪耀着人性的光辉。文中既有穆罕默德二世、亨德尔、列宁等人的成功，也有拿破仑、斯科特、威尔逊的失败；既有伟大者的厚积薄发，也有无名小卒的机缘巧合；既有视死如归的勇气，也有不屈不挠的坚韧……茨威格用饱含激情的笔触书写了勇敢、进取、责任等人类最闪耀的品质。正是这些品质，让成功者名留千古，也成就了失败者悲壮却无悔的一生。成功者往往光彩夺目，而失意者却因其艰苦绝卓的努力、永不放弃的精神而使人振奋。当我们习惯了用实用价值和功利视角去评判一个人的优劣和一件事的价值时，《人类群星闪耀时》在提醒我们重建对高贵而稀缺品质的信仰。

让我们带上对人类群星闪耀时刻的敬意，对伟大事业的向往，对英雄的重新认知，学会两难时如何抉择、困境时如何行动、危急时如何坚守……一起努力成长，成为灿烂群星中的一员。

精彩选篇

一夜天才（节选）

鲁热是一个秉性谦逊、普普通通的人，他从来没有把自己当作一个了不起的作曲家——他的诗作从未刊印过，他写的歌剧也从未上演过——但他知道自己善于写那些即兴诗。为了让市长——这位高官和好友高兴，他说他愿意从命。啊，他愿意试试。“好极了！鲁热。”坐在对面的一位将军一边向他敬酒，一边对他说，写完之后要立刻把战歌送到战场上交给他，莱茵军正需要一首能鼓舞士气的爱国主义进行曲。正说着话，又有一个人开始夸夸其谈起来，接着又是敬酒，又是喧闹，又是欢饮。于是，两人之间的这次偶然短谈被周围热烈场面的巨浪所淹没。酒宴变得愈来愈令人销魂，愈来愈喧哗热闹，愈来愈激动疯狂。当宾客离开市长宅邸时，早已是后半夜了。

午夜过去好久了，也就是说，由于宣战而使斯特拉斯堡无比振奋的一天——4月25日业已结束，4月26日已经开始。黑夜笼罩着千家万户，但这种夜阑人静仅仅是假象，因为全城依然处在热烈的活动之中。兵营里的士兵正在为出征做准备；一些谨小慎微的人或许已经从紧闭的店铺后面悄悄溜走。街道上一队队的步兵正在行进，其间夹杂着通信骑兵那橐橐的马蹄声，然后又是沉重炮车的铿锵声，单调的口令声不时从这个岗哨传到那个岗哨。敌人太近了，太不安全了，全城的人都激动得无法在这决定性的时刻入睡。

鲁热也不例外，他此刻正在中央大道126号那幢寓所里，登上回旋形楼梯，走进自己简朴的小房间里。他也觉得特别兴奋，他没有忘记自己的诺言，要尽快为莱茵军写出一支战歌，写出一首进行曲。他在自己狭窄的房间里踏着重步，不安地踱来踱去。怎样开头呢？各种号召书、演讲和祝酒词中所有那些鼓舞人心的言辞还杂乱无章地在脑海里翻滚。“公民们，武装起来！前进，自由的孩子们！……消灭专制……举起战旗！……”不过，与此同时，他还想起了以前听到过的一些话，想起了为自己的儿子而忧虑的妇女们的声音，想起了农民们的担心——他们害怕，法国的田野可能会被外国的步兵践踏，血流满地。他几乎是半下意识地写下了头两行的歌词，这两行无非是那些呼喊的反响、回声和重复。

> 前进，前进，祖国的儿郎们，
>
> 那光荣的时刻已来临！

随后他停下来。他愣住了，写得正合适。开头相当不错。只是现在要马上找到相应的节奏，找到适合这两行歌词的旋律，于是他从橱柜里拿出自己的小提琴，试了试，妙极了。头几拍的节奏很快就和歌词的旋律完全相配。他急忙继续写下去，他感到全身仿佛涌出一股力量，拽着他向前，所有的一切：此时此刻自己心中的各种感情；他在街道上、宴会上听到的各种话语；对暴君的仇恨；对乡土的忧虑；对胜利的信心；对自由的热爱——顿时都汇集到了一起。鲁热根本用不着创作，用不着虚构，他只需把今天所有众口皆传的话语押上韵，配上旋律和富有魅力的节奏，就成了，这就已经把全体国民那种最内在的感受表达出来了，说出来了，也唱出来了。而且，他也无须作曲，因为街上的节奏、时间的节奏，这种在士兵的行军步伐中、在军号的高奏中、在炮车的辚辚声中所表现出来的斗志昂扬的节奏已穿过紧闭的百叶窗，传入他的耳中——也许他自己并没有意识到，他也没有亲自用灵敏的耳朵去听。不过，在这一天夜里，蕴藏在他那平凡的躯壳里的对于时间的灵感却听到了这种节奏。因此，旋律愈来愈顺从于那强有力的欢呼节拍——全国人民的脉搏。鲁热愈来愈迅速地写下他的歌词和乐谱，好像在笔录某个陌生人的口授似的——在他一个市民的狭隘心灵中，从未有过如此的激情。这不是一种属于他自己的亢奋和热情，而是一种神奇的魔力在这一瞬间聚集起来，迸发而出，把这个可怜的业余作曲家拽到离他自己相距千百倍远的地方，把他像一枚火箭似的——闪耀着极为短暂的光芒与火焰——射向群星。一夜之间使这位鲁热·德·利尔上尉跻身不朽者的行列。从街头、报刊上吸收来的最初呼声构成了他那创造性的歌词，并且升华为一段永存的诗节，就像这首歌千古流传的曲调一样。

对于神圣祖国的热爱，
指引我们向敌人复仇！
自由，亲爱的自由，
我们要坚决把它捍卫！

接着他写了第五诗节，一直到最后一节，都是在同样的激情驱使下一气呵成的。歌词和旋律结合得十分完美——这首不朽的歌曲终于在破晓前完成了。鲁热熄灭灯光，躺到自己床上。他自己也不知道是什么东西使他刚才如此头脑清醒、灵感勃发，现在又不知道是什么东西使他觉得疲倦不堪、浑身软瘫，他像死一般地沉睡了。事实也确实如此，那种诗人和创造者的天才在他心中重又泯灭了。不过，在桌子上却放着那件已完成的、脱离了这个正在沉睡的人的作品。它正像奇迹一般飘然而来，降临到他身上。这首歌，连词带曲几乎是同时产生的，创作之迅速、词曲结合之完美，在各族人民的历史上都无法找出第二首能与之媲美。

大教堂的钟声像平时一样，宣告了新的一天的清晨来临。小规模的战斗接触已经开始。莱茵河上的阵风不时把枪击声飘过来。鲁热醒了，但睡意未尽，他努力坐起身来。他迷迷糊糊觉得好像曾发生过什么事，发生过某件与他有关的事，但只是依稀的记忆。随后他突然发现了桌子上那张墨迹尚新的纸。诗句？我什么时候写过诗句？歌曲？我亲笔写的歌曲？我什么时候为这首歌作过曲？哦——对啦！这不就是我的朋友迪特里希昨天要我写的那首莱茵军进行曲嘛！鲁热一边看着自己写的歌词，一边轻轻地哼着曲调，不过他也像一个作者那样，对自己刚创作的作品总觉得不完全满意。幸好隔壁住着自己团里的一位战友，于是他把这首歌曲拿给他看，唱给他听。看来，那位战友是满意的，只是建议做一些小小的修改。鲁热从这最初的赞许中得到了一定的信心。他怀着一个作者常有的那种焦急心情和对自己能如此迅速实现诺言的自豪感，立刻赶到市长迪特里希家中。市长正在清晨的花园里散步，正在思考一篇新演讲的腹稿。你说什么，鲁热？已经写完了？好吧，那就让我们立刻来演唱一遍。两人从花园走进客厅。迪特里希坐在钢琴旁伴奏，鲁热唱着歌词。市长夫人被这早晨的意外音乐声吸引到房间里来了，她答应把这首新歌誊抄几份。作为一个受过专门训练的音乐家，她还答应为这首歌曲谱写伴奏曲，以便能在今晚家里举行的社交集会上，和其他的歌曲一起演唱给家中的朋友们听。为自己甜美的男高音而自豪的迪特里希市长现在开始仔细地琢磨起这首歌来。4月26日晚上，在市长的客厅里，为那些经过特地挑选的上流社会人士首次演唱了这首歌——而这首歌却是在这一天的凌晨刚刚作词和谱曲完毕的。

听众们都友好地鼓了掌，好像这是对在座的作者表示礼貌的祝贺所必不可少的。不过，坐在布罗伊广场旁的布罗伊饭店里的客人们显然没有丝毫的预感：一首不朽的歌曲借着它的无形翅膀已飞降到他们所生活的世界。同代人往往很难一眼就看出一个人的伟大或一部作品的伟大，甚至连市长夫人也并未意识到这是一个非凡时刻。这一点可以从她给自己兄弟的一封信中得到佐证。她在信中竟把一件奇迹轻描淡写地说成是一件社交界发生的事。她在信中说：“你知道，我们在家里招待了许多人，总要想出些主意来换换消遣的花样，所以我丈夫想出了一个主意：让人给一首即兴歌词谱曲，工程部队的鲁热·德·利尔上尉是一位和蔼可亲的诗人兼作曲家，他很快就作出了一首军歌的音乐，而我的丈夫又是一位优秀的男高音歌唱家，他即刻就演唱了这首歌。这首歌很有魅力，富有特色，唱得也相当好，生动活泼。我也尽了我的一份力量，发挥了我撰写协奏曲的才能，为钢琴和其他乐器的演奏写了总谱，忙得不亦乐乎。这首歌已经在我们这里演奏过了，社交界认为相当不错。”

“社交界认为相当不错”——这句话在我们今天看来，是相当冷淡的，这仅仅是表示一种好的印象和一种不痛不痒的赞许罢了。不过在当时却是完全可以理解的，因为《马赛曲》在第一次演出时不可能真正显示出它的力量。《马赛曲》不是一支为甜润的男高音而创作的演唱歌曲，它也不适合在小资产阶级的沙龙里夹在浪漫曲和意大利咏叹调之间用与众不同的腔调来演唱。它是一首节拍强烈、慷慨激昂、富于战斗性的歌曲。“公民们，武装起来！”——这是面向群众、面向成群结队的人唱的，这首歌的真正协奏曲是叮当作响的武器、嘹亮的军号、齐步前进的团队。这首歌不是为那些冷静地坐在那里进行欣赏的听众而创作的，而是为那些共同行动、共同进行战斗的人创作的。这首歌既不适合女高音独唱家演唱，也不适合男高音独唱家演唱，它适合成千的群众齐唱。它是一首典型的进行曲、胜利的凯歌、哀悼之歌、祖国的颂歌、全国人民的国歌。因为这首歌正是从全国人民最初的激情中诞生的，是那种激情赋予鲁热这首歌以极强的鼓舞力量。只不过当时这首歌还没有引起广泛流传的热潮。它的歌词还没有引起神奇的共鸣，它的旋律还没有进入全国人民的心坎里，军队还不知道自己的这首进行曲和凯歌，革命还不知道自己的这首不朽战歌。

即便是一夜之间奇迹般地降临到自己身上的人——鲁热·德·利尔也和其他人一样，没有料想到自己在那一天夜里像一个梦游者一般创造了什么。他——一个胆大得令人喜爱的外行人士自然打心眼里感到高兴，因为被邀请来的客人们在热烈鼓掌，在彬彬有礼地向他这位作者祝贺。他怀着一种小人物的小小虚荣心，想在自己的这个小地方竭力显耀这项小小的成就。他在咖啡馆里为自己的战友们演唱这支新曲，让人抄写复本，分送给莱茵军的将军们。在此期间，斯特拉斯堡的乐团根据市长的命令和军事当局的建议排练了这首《莱茵军战歌》。四天以后，当部队出发时，斯特拉斯堡国民自卫军的军乐团在大广场上演奏这支新的进行曲。斯特拉斯堡的出版社负责人带着爱国情绪宣布，他已准备印行这首《莱茵军战歌》，因为这首战歌是卢克纳将军的一位部下怀着敬意献给这位将军的。可是，在莱茵军的将军们中间，没有哪位将军想过在进军时真正演奏或歌唱这首歌，所以看来，“前进，前进，祖国的儿郎们！”——这歌声就像鲁热迄今所做的一切努力一样，只不过是沙龙里一天的成功，它只不过是地方上发生的一件事，不久就被人们忘却。

然而，一件作品的固有力量是从来不会被长期埋没或禁锢的。一件艺术作品纵然可能会被时间遗忘，可能会遭到禁止和被彻底埋葬，但是，富有生命力的东西最终总会战胜没有生命力的东西。这首《莱茵军战歌》沉寂了一两个月。歌曲的印刷本和手抄本始终在一些无关紧要的人手里流传。不过，倘若一件作品能真正激起人的热情，哪怕是激起一个人的热情，那也就足够了，因为任何一种真正的热情本身还会激发出创造力。离开北部的斯特拉斯堡，在法国南端的马赛，宪法之友俱乐部于6月22日为出发的志愿人员举行宴会。长桌旁坐着500名穿着国民自卫军新制服的血气方刚的年轻人，此刻，弥漫在他们中间的情绪与4月25日的斯特拉斯堡一模一样，只是由于马赛人的那种南方气质而变得更热情、更激烈、更冲动，而且也不像起初宣战时那样虚夸自己必胜。因为这些革命的法国部队同那些高谈阔论的将军不同，他们是刚从莱茵河那边撤回来的，而且沿途到处受到欢迎。此刻，敌人已深深挺进到法国的领土，自由正受到威胁，自由的事业正处在危险之中。

宴会进行之际，突然有一个人将玻璃杯用力往桌子上一放，站起身来。他叫米勒，是蒙彼利埃医学院的学生。所有的人顿时安静下来，望着他。大家以为他要讲话或者致辞。然而，这个年轻人却没有讲话，而是挥动着右手，唱起一首新的歌曲。这首歌大家都没有听到过，而且谁也不知道这首歌是怎么到他手里的。“前进，前进，祖国的儿郎们！”此时此刻，这歌声犹如电火花插进了火药桶。情绪与感受，宛若正负两极接触在一起，产生了火花。所有这些明天出发的年轻人，他们要去为自由而战，准备为祖国献身，他们觉得这些歌词表达了他们内心最深切的愿望，表达了他们最根本的想法。歌声的节奏使他们不由自主地产生了一种共同的激奋。每一段歌词都受到欢呼，这首歌不得不唱了一遍又一遍。曲调已经变成了他们自己的旋律，他们激动地站起身来，高举玻璃杯，雷鸣般地一起唱着副歌：“公民们，武装起来！公民们，投入战斗！”街上的人好奇地涌来，想听一听这里的人如此热烈地在唱些什么，最后他们自己也跟着一起歌唱。第二天，成千上万的人都在哼着这首歌。他们散发新印的歌单，而当7月2日那500名义勇军出发时，这首歌也就随着他们不胫而走了。当他们在公路上感到疲劳时，当他们的脚步变得软弱无力时，只要有一个人带头唱起这首颂歌，它那动人的节拍就会赋予大家以崭新的力量。当他们行军穿过村庄时，唱起这首歌，就会使农民们惊讶，村民们好奇地聚集在一起，跟着他们一起合唱这首歌。这首歌已经成了他们的歌。他们根本不知道，这首歌原本是为莱茵军而作的，他们也不知道这首歌是谁写的和什么时候写的，他们把这首颂歌看作他们自己营队的歌，看作他们生和死的信条。这首歌就像那面军旗一样，是属于他们的，他们要在斗志昂扬的进军中把这首歌传遍世界。

（梁锡江/译）

阅读规划

《人类群星闪耀时》一共描绘了14个历史事件。阅读时，同学们可以借助目录，选择自己感兴趣的历史事件依次阅读。要注重对每一篇章中的精彩部分进行精读。

圈点批注是一种很好的读书方法。同学们遇到感兴趣的词、句或者段落，可以自选角度进行圈点批注。可以从文章的内容、结构、写作手法、语言特色等方面入手，也可以批注自己的心得体会，提出自己的见解。

《人类群星闪耀时》读书卡

阅读时间	阅读时长	章节	故事梗概	阅读笔记

交流平台

阅读《人类群星闪耀时》一书，不妨从以下几个方面入手，进行专题讨论、读书交流，也可以写读书笔记，记下自己的所思所想。

一、回顾整理，整体把握故事

1. 在《人类群星闪耀时》中，选择一个给你印象最深的瞬间，写一篇短文，介绍给你的朋友或父母。

提示：要讲清楚主要情节，把印象深刻的细节写生动；也要注意事件的曲折跌宕；还可以用几句话来评价人物或故事情节。

2.《人类群星闪耀时》收录的历史特写，横跨不同时代、不同国家，选材广泛，政治、军事、科技、艺术等题材都有涉及。如果你是出版社编辑，现在要重新排列这14篇文章的顺序，你会如何排列或组合呢？

提示：可以按照事件发生的时间顺序排列；也可以按照政治版图的决定性瞬间、人类开拓地球的发现之旅、思想火花点燃人类文明等方面分类组合；还可以分为探险版、战争版、文艺版、政治版几个板块……同学们可在小组内互相交流，说说自己分类或排列的理由。

二、建立关联，深入理解内容

1.《人类群星闪耀时》中的那些人物，像流星一样划过历史的天空，短暂却耀眼。请选择书中两个以上人物，探寻他们的共同之处，用一个词语概括他们的共同点。

提示：在文中找出依据，用自己的话概括，并说清楚理由。

2. 有人说斯蒂芬·茨威格是最会讲故事的人，他把那些光辉的振奋人心的瞬间写得精彩纷呈，如他所说的那样："只有每一页都始终保持高潮，能够让人一口气读到最后一页的书，才会使我感到完全满足。"请你分析一下茨威格是如何把历史故事写得引人入胜、扣人心弦的。

提示：在文中找出依据进行分析；可以从精心的选材、隽永的心理描写、扣人心弦的戏剧性高潮、娴熟的旁衬手法等角度入手；也可以运用对比阅读法，和历史教材中的内容进行比较。和同学们一起召开一次讨论会，各抒己见。

三、形成认识，走进精神世界

1.《人类群星闪耀时》饱含着激情和梦想，洋溢着理想主义、浪漫主义和英雄主义的情怀，影响了几代人的成长。书中有很多富含哲理和人生启示的句子，请你选择几则整理到读书笔记上，并写写自己的感悟和理解。

2.《人类群星闪耀时》中选取的多是些伟大却悲壮的历史瞬间，人物故事大多带有悲剧色彩，书中充满了强大的悲剧力量。茨威格为什么用悲情人物来展现那些群星闪耀的关键时刻呢？

提示：可以通过网络或图书馆查找资料，了解作者的人生经历和写作背景；可以阅读相关评论，开拓阅读的深度。与同学一起讨论，在研讨中提高自己的阅读能力。

敬　启

为编好这本书，我们与收入本书的作品（含图片）作者进行了广泛联系，得到了各位作者的大力支持。在此，我们表示衷心的感谢。但是，由于个别作者地址不详，虽经多方努力，仍无法取得联系。敬请各位有著作权的作者尽快与我们联系，以便我们支付稿酬，并致谢忱！

我们还要感谢使用本书的师生们。希望你们在使用本书的过程中，能够及时把意见和建议反馈给我们，对此，我们深表谢意，并将给予一定奖励。让我们携起手来，共同完成本书的建设工作。

联 系 人：梁老师　刘老师

联系电话：010-58022100-6362

联系邮箱：ztxx2008@sina.com

网　　址：http://www.ywztxx.com

地　　址：北京市海淀区知春路7号致真大厦A座18层

图书在版编目（CIP）数据

家国情怀 / 任建欣主编. — 上海 : 上海教育出版社, 2021.12

ISBN 978-7-5720-0816-0

Ⅰ.①家… Ⅱ.①任… Ⅲ.①阅读课—初中—教学参考资料 Ⅳ.①G634.333

中国版本图书馆CIP数据核字（2021）第260853号

责任编辑　朱剑茂
封面设计　陈丽娟　王艺霖
著作权人　北京华樾教育科技有限公司

家国情怀

任建欣　主编

出版发行　上海教育出版社有限公司
官　　网　www.seph.com.cn
地　　址　上海市闵行区号景路159弄C座
邮　　编　201101
印　　刷　河北泓景印刷有限公司
开　　本　720×1010　1/16　印张 66
字　　数　900千字
版　　次　2021年12月第1版
印　　次　2021年12月第1次印刷
书　　号　ISBN 978-7-5720-0816-0/G・0632
定　　价　268.00元（全六册）

如发现质量问题，请向本社调换　　021-64373213